FOTO-GUIDE

Günter Richter **FotoGuide Canon EOS 300V**

Günter Richter

Foto-Guide
Canon EOS 300V

Autor und Verlag haben sich bemüht, die vielfältigen Funktionen der beschriebenen Geräte in all ihren Varianten und Auswirkungen korrekt wiederzugeben und zu interpretieren. Trotzdem sind bei aller Sorgfalt Fehler nicht völlig auszuschließen. Wir sind unseren Lesern deshalb stets dankbar für konstruktive Hinweise. Eine Haftung des Autors bzw. des Verlags für Personen-, Sach,- und Vermögensschäden ist ausgeschlossen.

Warennamen werden ohne Gewährleistung der freien Verwendbarkeit benutzt.

Sämtliches Bildmaterial von Günter Richter.
Verlag und Autor danken der Firma Canon für die Überlassung einiger zusätzlicher Produktfotos und Grafiken.

© 2003 by vfv
Verlag für Foto, Film und Video, 82205 Gilching
Alle Rechte vorbehalten.
Printed in Germany

ISBN 3-88955-138-6

Inhaltsverzeichnis

Vorwort

Natürlich haben Sie zur Ihrer EOS 300V – wenn Sie sie denn schon besitzen – eine Bedienungsanleitung erhalten. Und dort erfahren Sie dann auch, welches Knöpfchen Sie für welche Funktion zu drücken haben. Viel mehr allerdings auch nicht, und das noch dazu in oft recht zweifelhafter Form und Sprache, häufig in einer für unsere Begriffe reichlich unlogischen Weise auseinandergerissen, über die Seiten verstreut. Und gar manches bleibt selbst für einen aufgeschlossenen deutschen Leser im Dunkeln: „Falls der Objektivdeckel nicht ordnungsgemäß angesetzt wird, Vignettierung kann am Fenster bei der Aufnahme." Nun ja, so heißt das wohl in Japan, was auch immer damit gemeint sein mag.

Im Gegensatz dazu möchte ich Ihnen in diesem Buch die EOS 300V *in ihrer Gesamtheit* in logischer Abfolge und mit einfachen Worten näherbringen. Im Grunde ist dieses Buch deshalb analog einer Bedienungsanleitung aufgebaut – mit dem enormen Unterschied, dass es erstens wichtige Hintergrundinformation liefert und Sie zweitens in die Praxis der Fotografie mit dieser Kamera einführt, beides Dinge, die eine reine Bedienungsanleitung weder kann noch soll.

Die aufnahmetechnischen Möglichkeiten, wie sie die EOS 300V dank ihrer Komplettausstattung bietet, sind so vielfältig, dass sich eine eingehende Beschäftigung mit dem Wann, Wie und Wozu in mehrfacher Weise lohnt. Wie unterscheiden sich die „Bildsteuerprogramme" – zu Deutsch Motivprogramme – denn nun wirklich? Wann und wofür lohnt sich ihr Einsatz? Der Hersteller schweigt sich hierzu aus. Die Programmbezeichnungen sind in ihrer pauschalisierten Form zuweilen missverständlich. Fazit: Sie schwimmen, verwenden Funktionen ohne zu wissen, was eigentlich passiert. Und das bringt nicht unbedingt Vorteile.

So ergeben sich unzählige Details, Querverbindungen und Hinweise, die allein erst ein brauchbares Gesamtbild schaffen können: Ihre EOS 300V „von Kopf bis Fuß", anschaulich und in leicht verständlicher Form erläutert. Keine Silbenrätsel, kein unverdauliches Fachchinesisch, keine durch mehrfache „Übersetzung" der Realität entrückten Sprechblasen. Hard and fast facts, wie man als guter Deutscher heute sagt.

Günter Richter

Das Schmuckstück

Man muss Canon eine besonders glückliche Hand bei der Konstruktion der EOS 300V bescheinigen: Mit ihrem schicken, silbergrauen Äußeren hebt sich die Kamera wohltuend von den sturen schwarzen Kästen ab, mit denen wir bisher überwiegend unsere Bilder machten. Sie ist noch kleiner und leichter geworden als ihre Vorgängerin, die EOS 300. In einem geschickten Schachzug hat Canon – wohl auch inspiriert von den immer populärer werdenden Digitalkameras – das LC-Display von der Oberseite auf die Kamerarückwand verlegt und die Gelegenheit genutzt, es 2,7mal größer zu machen als bei der EOS 300. Der Gewinn für die Ablesbarkeit der Daten ist enorm.

Mit der LCD wurde auch ein guter Teil der Bedienelemente auf die Rückwand verlegt – das neue Bedienkonzept ist überzeugend einfach und sicher. Und dabei sind die „inneren Werte" dieser attraktiven Spiegelreflexkamera noch nicht einmal zu Wort gekommen...

Es ist verblüffend, welches Maß an ausgereifter HighTech Canon in ein so handliches, schickes Gehäuse gepackt hat – und dies zu einem Preis, der die anspruchsvolle Fotografie auf Filmbasis zu einem Schnäppchen werden lässt. Denn von *dieser* Funktionsvielfalt, Schnelligkeit und Leistungsfähigkeit können Digitalkameras selbst beim heutigen Stand der Technik nur träumen. Dabei schweben sie preislich noch in ganz anderen Regionen...

Sie als Käufer, als Hobbyfotograf, dürfen sich freuen: Sie werden in einem bisher nicht vorstellbarem Maße verwöhnt. Zum Minipreis legt Ihnen Canon so viel ausgefeilte Technik in den Schoß, dass Sie mit diesem kleinen, silbergrauen Schmuckstück praktisch alles anstellen können – vom vollautomatischen Knipsen ohne Beanspruchung Ihrer grauen Zellen bis zur ausgefuchsten, überlegten Fotografie nach allen Regeln der Kunst. Damit eignet sich diese Kamera ebenso für den Neuling in der Reflexfotografie wie für den engagierten Fotoamateur, der hohe Ansprüche stellt.

Auf ganze sieben AF-Messfelder stützt sich das Hochleistungs-AF-System der EOS 300V, dessen Schnelligkeit und Präzision neue Maßstäbe im Mittelfeld der Spiegelreflexkameras setzen. Für ausgewogene Belichtung „in allen Lebenslagen" ist der Mehrfeld-Sensor der Kamera in 35 einzelne Sektoren unterteilt. Neue Rechenverfahren garantieren ein erstaunliches Maß an Belichtungsgenauigkeit und -konstanz selbst unter schwierigen Beleuchtungsverhältnissen. Sogar zwischen Hoch- und Querformat kann die EOS 300V unterscheiden und daraus Konsequenzen sowohl für die automatische Scharfeinstellung als auch die Belichtungsmessung ziehen.

Drei Messarten – Mehrfeldmessung, Selektivmessung und mittenbetonte Messung – werden auch den Anspruchsvollen zufriedenstellen. Das eingebaute Blitzgerät ist in die Belichtungsautomatik integriert. Mit Canon Blitzgeräten der EX-Reihe steht Canons modernste Form der Blitzautomatik – E-TTL – zur Verfügung. Außerdem ist die Blitzsynchronisation sogar mit den allerkürzesten Verschlusszeiten möglich. Und Blitzspeicherung FE auf bestimmte Motivteile gestattet die präzise Dosierung des Blitzlichts, so dass zum Beispiel stark reflektierende Flächen nicht zu einer Fehlbelichtung führen. Das interne oder externe Blitzgerät kann über den Funktionswähler ausgeschaltet werden.

Reihenaufnahmen sind mit der EOS 300V mit bis zu 2,5 Bildern in der Sekunde möglich. Eine elektronisch wirkende Abblendtaste gestattet in den Belichtungsfunktionen des Kreativbereichs die Prüfung der Schärfentiefe im Sucher.

Das Angebot an Belichtungsfunktionen könnte kompletter nicht sein: Außer Vollautomatik (der reinen „Knipsfunktion") gibt es sämtliche üblichen Varianten wie Programm-, Blenden- und Zeitautomatik und natürlich die Möglichkeit der manuellen Belichtungseinstellung. Fünf Motivprogramme sollen dem völlig Unbewanderten eine motivgerechte Abstimmung der Einstellwerte ermöglichen – eine These, mit der wir uns noch ausführlich auseinandersetzen werden.

Damit sich wirklich niemand beschweren kann, es fehle auch nur *eine* denkbare Funktion, bietet Ihnen Canon Mehrfachbelichtungen ebenso selbstverständlich wie automatische Belichtungsreihen und die Canon Spezialität A-DEP zur automatischen Festlegung der Schärfentiefe. All das in einer Kamera, die vom Preis her in die Einsteigerkategorie gehört – aber auch nur vom Preis. Die Reflexfotografie war noch nie so interessant – und so preisgünstig.

Die wichtigsten Merkmale der EOS 300V:

◆ Sieben AF-Messfelder
◆ Drei Messarten – Mehrfeldmessung, Selektivmessung und mittenbetonte Messung
◆ Reihenaufnahmen mit bis zu 2,5 Bildern in der Sekunde
◆ Vollautomatik
◆ Programm-, Blenden- und Zeitautomatik sowie manuelle Belichtungs- einstellung
◆ Fünf Motivprogramme
◆ Automatische Belichtungsreihen
◆ A-DEP zur automatischen Festlegung der Schärfentiefe

Bedienungselemente und Teilebezeichnungen

1 Handgriff und Batteriefach	11 Blitztaste	21 Taste für Belichtungskorrektur und
2 Fernbedienungssensor und -lampe;	12 Einstellrad	manuelle
Selbstauslöserlampe	13 Riemenhalterung	Blendeneinstellung
3 Auslöser	14 Funktionswähler	22 Funktionstaste
4 Eingebautes Blitzgerät und	15 Zubehörschuh mit Blitzkontakten	LCD-Beleuchtung
AF-Hilfsilluminator	16 Taste für Selbstauslöser und	23 Taste zur vorzeitigen
5 Index zum Ansetzen des Objektivs	Einzel- bzw. Reihenbilder	Filmrückspulung
6 Buchse für Auslösekabel	17 Sucherokular	24 LC-Display
7 Objektiventriegelung	18 Gummi-Okularmuschel	25 Filmtypenfenster
8 Abblendtaste	19 Speichertaste	26 Rückwandentriegelung
9 Signalkontakte zum Objektiv	20 Messfeldtaste	27 Batteriefachdeckel
10 Schwingspiegel		28 Stativbuchse

Das große Rückwand-Display

Es war ein kleiner Geniestreich Canons, den bisherigen LCD-Monitor von der Kamera-Oberseite auf die Rückwand zu verlegen. Das sieht nicht nur gut aus – und führt die „Digital-Konkurrenz" ein wenig in die Irre –, sondern es fördert auch die Ablesbarkeit, insbesondere für Fotografen, die sich bereits mit einer Lesebrille herumschlagen.

Diese LCD ist gewissermaßen das Kontrollzentrum der EOS 300V. Wenn Sie hier sämtliche möglichen Anzeigedaten auf ein-

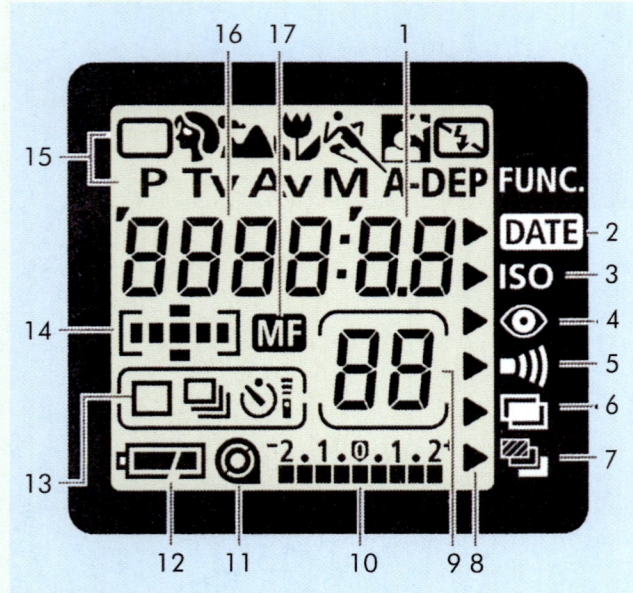

Alle im großen LC-Display möglichen Anzeigedaten

1 Arbeitsblende/Einstellung Verringerung roter Augen bzw. Signaltöne bzw. AEB-Streuwert
2 Datum (bei DATE-Ausführung)
3 Filmempfindlichkeit
4 Verringerung roter Augen
5 Signaltöne
6 Mehrfachbelichtungen
7 Reihenbilder
8 Funktionsanzeige
9 Bildzähler/Anzahl Mehrfachbelichtungen/Selbstauslöserablauf/Fernbedienung
10 Belichtungsskala/ Belichtungskorrektur/ AEB-Streuwert/ Filmtransportanzeige/ Leuchtdauer der Lampe zur Verringerung roter Augen
11 Film eingelegt
12 Batteriezustand
13 Filmtransportfunktion (Einzelbild/Reihenbilder/Selbstauslöser bzw. Fernbedienung)
14 Aktives AF-Messfeld
15 Belichtungsfunktionen
16 Verschlusszeit/FE-Speicherung/Filmempfindlichkeit (Datum bei DATE-Ausführung)
17 Manuelle Fokussierung

mal sehen, so soll Sie dies nicht zu der Schlussfolgerung verleiten, dass Sie mit einem solchen Durcheinander nichts anfangen könnten. In Wirklichkeit sehen Sie nämlich immer nur jene Daten, die in der jeweiligen Funktion von Bedeutung sind. Und damit verringern sich die angezeigten Daten auf ein leicht verdauliches Maß.

Bei ausgeschalteter Kamera (Funktionswähler auf OFF) ist die Anzeige tot. Mit Einschaltung der Kamera erscheint die Grundanzeige, der sich beim Antippen des Auslösers die jeweilige Verschlusszeit und Arbeitsblende hinzugesellen. Diese erlöschen etwa vier Sekunden nach Freigabe des Auslösers wieder, denn zur

Stromersparnis schaltet die Kamera dann auf Bereitschaft zurück.

Echten Komfort bietet die Anzeige bei Druck auf die mit dem Lampensymbol gekennzeichnete, unterste Taste neben dem Display: Dieses wird dann für etwa sechs Sekunden beleuchtet, so dass Sie selbst unter den misslichsten Lichtverhältnissen wissen, wo Sie stehen. Antippen des Auslösers schaltet die Beleuchtung (vor Ablauf der 6 s) wieder aus.

Sollten Sie den Mumm haben, sich und der Kamera mehr als 60°C zuzumuten, müssen Sie auf diese Anzeige verzichten, denn in diesem Fall „sieht sie schwarz". Umgekehrt wird sie träge, wenn Sie sie Temperaturen unter dem Gefrierpunkt aussetzen. Beide Symptome sind vorübergehend und verschwinden, sobald sich die Temperatur normalisiert.

Der Dachkant-Spiegelsucher

Ursprünglich war es der Clou der einäugigen Spiegelreflexkamera: das Dachkantprisma, das den Sucherstrahlengang umkehrte und den direkten Blick durchs Aufnahmeobjektiv in Aufnahmerichtung ermöglichte. Inzwischen sind die Hersteller bei den besonders leichten, kleinen Modellen auf Dachkant-Spiegelprismen übergegangen, in denen Spiegel die reflektierenden Flächen übernehmen, das frühere „Glasprisma" jedoch aus Luft besteht. Mit anderen Worten, man baut ein Prisma mit Hilfe von Spiegeln nach. Und das spart eine Menge Glas, sprich Gewicht.

Prinzipschnitt durch eine einäugige Spiegelreflexkamera mit Dachkantprisma

Dem Sucherbild direkt überlagert sind die sieben AF-Messfelder, die natürlich nicht in Ihren Bildern verewigt werden. Ansonsten zeigt Ihnen die Mattscheibe die Schärfenverhältnisse an jeder beliebigen Stelle, und das ist ein enormes Plus, denn so können Sie mit einem Blick feststellen, worauf die Kamera nun wirklich scharfgestellt hat. Zur Sicherheit leuchtet in dem (oder den) jeweils aktiven

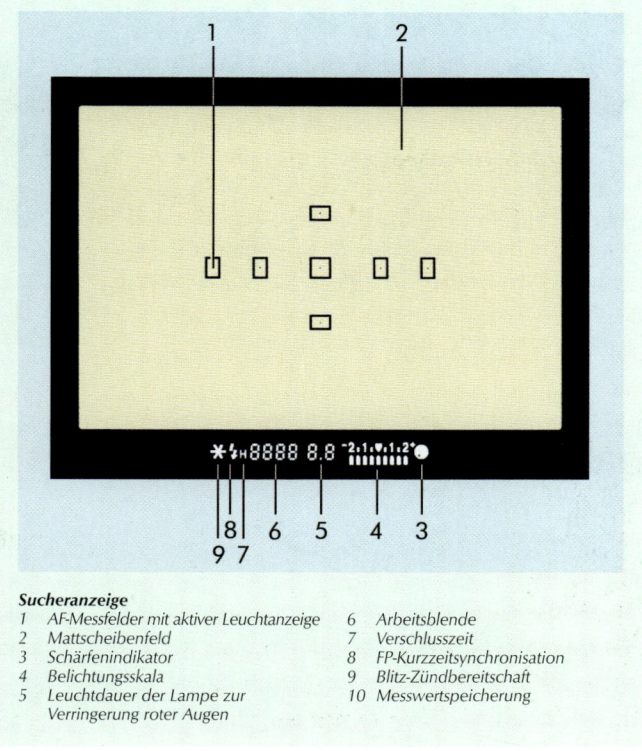

Sucheranzeige

1	AF-Messfelder mit aktiver Leuchtanzeige	6	Arbeitsblende
2	Mattscheibenfeld	7	Verschlusszeit
3	Schärfenindikator	8	FP-Kurzzeitsynchronisation
4	Belichtungsskala	9	Blitz-Zündbereitschaft
5	Leuchtdauer der Lampe zur Verringerung roter Augen	10	Messwertspeicherung

Messfeld(ern) ein roter Punkt auf, wenn diese Messfelder zur Scharfeinstellung beigetragen haben. Die übrigen Anzeigedaten richten sich nach der jeweils aktiven Funktion. Insgesamt ist das Angebot mehr als ausreichend, so dass die Kamera normalerweise während der Aufnahmen nicht vom Auge genommen zu werden braucht.

Das Sucherbild der EOS 300V zeigt etwa 90% dessen, was auf den Film kommt. Den verbleibenden 10% brauchen sie nicht nachzutrauern, denn sie dienen als Puffer, der Pannen vermeiden hilft. Denn auch bei der Vergrößerung der Bilder entfällt ein gewisser Randbereich, und nur zu oft schneidet das Labor die Bilder genau an jenem Rand an, der Ihnen wichtig ist. Die Sicherheitsmarge fängt derartige Abweichungen auf.

Die Austrittspupille des Sucherokulars liegt 18,5 mm hinter der Augenlinse. Aus diesem Abstand übersehen Sie noch das gesamte Sucherbild, und dies ist vor allem für Brillenträger wichtig, die sonst nur noch einen Teil des Sucherbildes überblicken könnten. Scharf werden Sie das Sucherbild ohne Brille sehen, solange Sie bei Abständen bis 1 m ohne Sehhilfe auskommen.

In Holland haben sogar die Häuser Hosen an. Ein schneller Schnappschuss, wie er sich mit Voll- bzw. Programmautomatik spielend einfangen lässt.

Die Dioptrieneinstellung

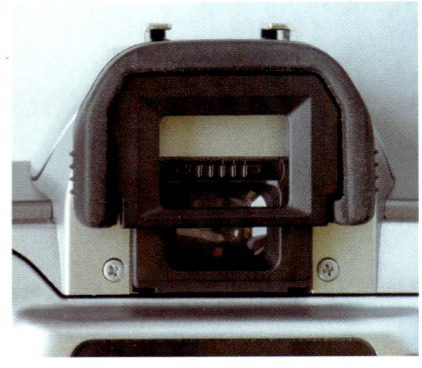

Komplett, wie ihr Angebot ist, bietet die EOS 300V auch die Möglichkeit, die Abstimmung des Sucherokulars der persönlichen Sehstärke anzupassen. Und das ist im Bereich von 2,5 bis 0,5 dpt möglich.

Zugänglich wird die Einstellung, nachdem Sie die Gummi-Augenmuschel nach oben vom Okular abgezogen haben. Blicken Sie dann in den Sucher, und verstellen Sie den Schieber über dem Okular, bis die AF-Messfelder optimal scharf erscheinen. Dann setzen Sie die Augenmuschel wieder auf.

Die Gummi-Augenmuschel kann nach oben abgezogen werden. Dann wird die Dioptrieneinstellung über dem Sucherokular zugänglich.

Der Funktionswähler

Er steuert die Belichtungsfunktionen. Um die Dinge nicht unnötig zu komplizieren, soll fortan alles oberhalb der Ausschaltstellung OFF als **Kreativbereich** gelten, alles unterhalb von OFF als **Automatikbereich**, wobei natürlich klar ist, dass auch der Kreativbereich automatische oder halbautomatische Funktionen beinhaltet. Doch wir müssen nun mal eine Unterteilung schaffen, mit der sich in der Praxis operieren lässt.

Im Automatikbereich vereint sind einmal die Knipsfunktion Vollautomatik, des weiteren die Motivprogramme Porträt, Landschaft, Nahaufnahme, Action, Nacht sowie die Blitzabschaltung. Im Kreativbereich zusammengefasst sind die Programm-, Blenden- und Zeitautomatik, manuelle Belichtungseinstellung und Schärfentiefeautomatik.

Der große Vorteil eines solchen Funktionswählers in Form einer Wählscheibe ist der leichte und übersichtliche Zugriff auf die einzelnen Funktionen, seine Schwachstelle die Notwendigkeit, aus der „Nullstellung" stets bewusst auf eine bestimmte Funktion zu schalten – ein Konzept, von dem Canon trotz aller praktischen Nachteile nicht abrückt. Bei Nichtbenutzung der Kamera sollten Sie den Funktionswähler grundsätzlich wieder auf OFF zurückdrehen, um eine unbeabsichtigte Auslösung und unnötigen Stromverbrauch zu verhindern.

Der Funktionswähler gliedert sich in die über der Ausschaltstellung angeordneten Kreativprogramme und – darunter – die Vollautomatik, Motivprogramme und Blitzabschaltung.

Ein kurzer Blick hinter die Kulissen

Wenn Sie ein klein wenig mehr von Ihrer Kamera erwarten als nur die „automatische" Erzeugung irgendwelcher Bilder auf simplen Knopfdruck, dann sollten Sie wenigstens ein paar Gedanken an das verschwenden, was diese Kamera eigentlich ist und wie sie in großen Zügen arbeitet. Und wie sie gleich sehen werden, bedarf es dazu durchaus keines großen technischen Verständnisses.

Die Dunkelkammer

Der alles entscheidende Vorteil der handlichen, kleinen EOS 300V ist die Tatsache, dass Sie beim Blick in den Sucher direkt durchs Aufnahmeobjektiv sehen: Die EOS 300V ist eine einäugige Spiegelreflexkamera – ein Kameratyp, für den man heute auch im Deutschen die englische Abkürzung SLR (single-lens reflex) verwendet.

Warum das so wichtig ist? Nun, in einer Kompaktkamera mit getrenntem Sucher sehen Sie nie genau, was aufs Bild kommt. Schließlich sind Sucher und Objektiv in diesen Kameras zwei getrennte optische Systeme, die nicht am selben Ort sein können und deshalb zwangsläufig gewisse Unterschiede im erfassten Bildausschnitt aufweisen. Im Fernbereich ist das nicht so kritisch, doch je näher der Aufnahmegegenstand rückt, um so deutlicher wird die Parallaxe, der Unterschied zwischen den Achsen der beiden optischen Systeme. Daher die abgeschnittenen Köpfe und ähnliche Pannen. Im Sucher war alles „drauf", das Objektiv jedoch schielte daran vorbei, und so kam der neue Hut von Tante Olga nicht zu ihrem Recht.

Nicht so bei einer Reflexkamera wie der EOS 300V. Hier wird das vom Objektiv eingefangene Licht durch einen Spiegel nach oben, auf die Mattscheibe, umgelenkt. In dieser Ersatzebene entsteht – in genau gleicher Entfernung wie zum Film – das Sucherbild. Ein Dachkantprisma richtet dieses seitenverkehrte Bild auf und lenkt es ins Sucherokular um. In der EOS 300V hat Canon dieses Dachkantprisma aus Spiegeln nachgebildet, denn nur so konnte das geringe Gewicht der Kamera erreicht werden. Ein massives Prisma nämlich ist ein ordentlicher Glasklotz. Der frühere Nachteil von Spiegeln – geringere Helligkeit des Sucherbildes – konnte inzwischen durch verbesserte Verspiegelungstechniken weitestgehend beseitigt werden. In der Praxis überzeugt das Sucherbild der EOS 300V durch sehr große Helligkeit.

Der Schwingspiegel ist natürlich im Weg, wenn es an die Belichtung des Films geht. Deshalb wird er nach dem Druck auf den Auslöser nach oben geklappt und legt sich schützend über die Unterseite der Mattscheibe. Die Objektivblende schließt sich auf die zuvor ermittelte Öffnung. Nun kann das Licht geradlinig durch den geöffneten Verschluss auf den Film treffen. Am Ende der Belichtung schließt sich der Verschluss, die Blende öffnet sich wieder voll, und der Spiegel klappt in seine Grundstellung zurück. Die Reflexkamera ist wieder in erster Linie ein hervorragender Sucher.

Das Prinzip des direkten Blicks durchs Objektiv, für das man heute das englische Kürzel TTL (through the lens) verwendet, hat entscheidende Vorteile:

◆ Ungeachtet der Aufnahmebrennweite und damit des Bildwinkels zeigt das Sucherbild stets den genauen Ausschnitt. Besonders wichtig ist dies bei Zoomobjektiven, doch auch bei sehr kurzen oder langen Brennweiten.

◆ Jegliche Parallaxe entfällt. Da Sucher und Objektiv eins sind, schielt die Kamera selbst dann nicht am Objekt vorbei, wenn sich dieses in unmittelbarer Nähe befindet.

◆ Auf der Mattscheibe wird die exakte Schärfenlage sichtbar. So ist ungeachtet des Aufnahmeabstands jederzeit hochpräzise Scharfeinstellung möglich.

◆ Durch den hinter dem Objektiv angeordneten Verschluss werden Wechselobjektive möglich, die der einäugigen Reflexkamera eine unübertroffene Vielseitigkeit geben.

Der Schlitzverschluss

Irgendwie muss die Menge des auf den Film treffenden Lichts dosiert werden, denn nur eine der jeweiligen Filmempfindlichkeit entsprechende Lichtmenge kann ein brauchbares Bild erzeugen. Das vielseitigste Steuerungsorgan hierfür ist der Verschluss.

In einer Reflexkamera wie der EOS 300V ist der Verschluss unmittelbar vor dem Bildfenster angeordnet, denn davor – im Spiegelkasten – herrscht ja ständig „Licht", das auf die Mattscheibe und ins Sucherokular geleitet wird. Er besteht aus zwei – heute in Lamellen aufgelösten – „Vorhängen". Der erste gibt das Bildfenster zu Beginn der Belichtung frei, der zweite macht es wieder zu. Das geht allerdings nur bis zu einer gewissen Grenze. In der EOS

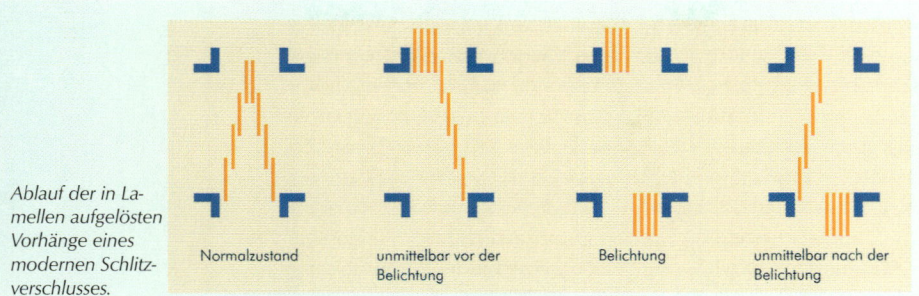

Ablauf der in Lamellen aufgelösten Vorhänge eines modernen Schlitzverschlusses.

Normalzustand unmittelbar vor der Belichtung · Belichtung · unmittelbar nach der Belichtung

300V liegt diese bei 1/90 s. Bis zu dieser Verschlusszeit ist das Bildfenster wenigstens einen ganz kurzen Augenblick voll geöffnet. Kürzere Zeiten lassen sich nur dadurch erzielen, dass man den zweiten Vorhang bereits auf die Reise schickt, während der erste noch unterwegs ist. Das Ergebnis ist eine streifenweise Belichtung des Bildes, wobei der „Belichtungsspalt" mit kürzeren Zeiten immer enger wird.

Es liegt auf der Hand, dass ein Blitz niemals das ganze Format belichten kann, wenn im Moment der Zündung nur ein Spalt frei-

Eine kurze Verschlusszeit löst fließendes Wasser in eingefroren erscheinende Tropfen auf.

Mit längerer Verschlusszeit nähert sich das Wasser unserem Augeneindruck an, weil es durch Bewegungsunschärfe fließender dargestellt wird.

gegeben ist. Deshalb ist jene 1/90 s auch die Grenze für die Synchronisierung des eingebauten oder externer Blitzgeräte, mit Ausnahme der Canon EX-Reihe, von denen noch zu sprechen sein wird.

Der Verschluss Ihrer EOS 300V bietet Zeiten von 1/2000 s bis zu vollen 30 Sekunden sowie B (bulb). In den Automatikprogrammen sowie in Programm- und Zeitautomatik werden diese Zeiten stufenlos elektronisch gebildet; in Blendenautomatik und bei Handeinstellung stehen sie in ganzen und halben Stufen zur Verfügung. Jede volle Stufe ergibt eine Verdoppelung bzw. Halbierung der einwirkenden Lichtmenge. Mit anderen Worten, bei 1/1000 s ist logischerweise die doppelte Lichtmenge wirksam wie bei 1/2000 s und so weiter. Als mögliche Zwischenstufe ergibt sich 1/1500 s. Angezeigt werden grundsätzlich nur volle und halbe Stufen, denn allzu „krumme" Zwischenwerte würden Sie nur verwirren. Bei ganzen Zahlen im Sucher bzw. der LCD handelt es sich um Sekundenbruchteile, bei Zahlen mit Doppelstrich (") um Sekunden. Folglich steht, zum Beispiel, 3" für drei Sekunden.

In der B-Einstellung (bulb) öffnet der Verschluss beim vollen Druck auf den Auslöser und bleibt geöffnet, solange der Auslöser gedrückt gehalten wird. Damit werden theoretisch beliebig lange Belichtungszeiten möglich, mit denen sich auch bei sehr schwachem Licht noch eine brauchbare Belichtung erzielen lässt.

Das Auge Ihrer EOS

Canon EF-Objektive sind die Augen Ihrer EOS, und angesichts der Leistungsfähigkeit Canons im Objektivbau dürfen Sie ruhig „Adleraugen" dazu sagen. Denn Canon Objektive sind berühmt für ihre hohe Leistung.

Nun ist die Abbildungsleistung eines Objektivs kein Zufall. Jedes optische System ist nämlich mit einer ganzen Menge von Abbildungsfehlern oder Aberrationen behaftet. Eine Linse – und aus Linsen setzen sich unsere Objektive schließlich zusammen – ist einfach nicht in der Lage, einen Motivpunkt ganz präzise als Bildpunkt wiederzugeben. Aus eben diesem Grund bemüht man eine ganze Anzahl Linsen, um die eine gegen die andere auszuspielen und damit Abbildungsfehler gegeneinander aufzuwiegen. Je höher die Anforderungen an Lichtstärke, Brennweitenbereich oder optische Hochleistung, um so mehr Linsen müssen die Konstrukteure in ein System hineinpacken, um das Konstruktionsziel zu erreichen. Wobei die Linsenzahl eines Objektivs an sich kein Quali-

Mit ihrer bekannt hohen Leistung werden die Canon EF-Objektive zum Adlerauge Ihrer Kamera.

tätskriterium ist. Im Prinzip werden sich die Konstrukteure bemühen, das gesteckte Ziel mit möglichst wenigen Linsen zu erreichen, denn jede Glas-Luft-Fläche schluckt Licht, und jede Linse kostet Geld.

Blende und Blendenzahlen

Außer dem Verschluss gibt es noch ein zweites Steuerungselement für die Belichtung in der Kamera – die Blende. Wie die Iris unseres Auges regelt sie die Größe der Lichteinfallsöffnung im Objektiv: Eine Reihe hauchdünner Lamellen bildet ein mehr oder weniger rundes „Loch", das sich stufenlos immer kleiner machen lässt. So spricht man auch von einer „Irisblende".

Allerdings wirkt die Blende nur in einer Richtung – sie gestattet nur eine Verringerung der einfallenden Lichtmenge. Der Verschluss hingegen wirkt in beide Richtungen: Er gestattet – natürlich innerhalb gewisser Grenzen – sowohl eine Verlängerung als auch eine Verkürzung der Belichtungszeit, und das ist die Zeit, über die das Licht auf den Film einwirkt.

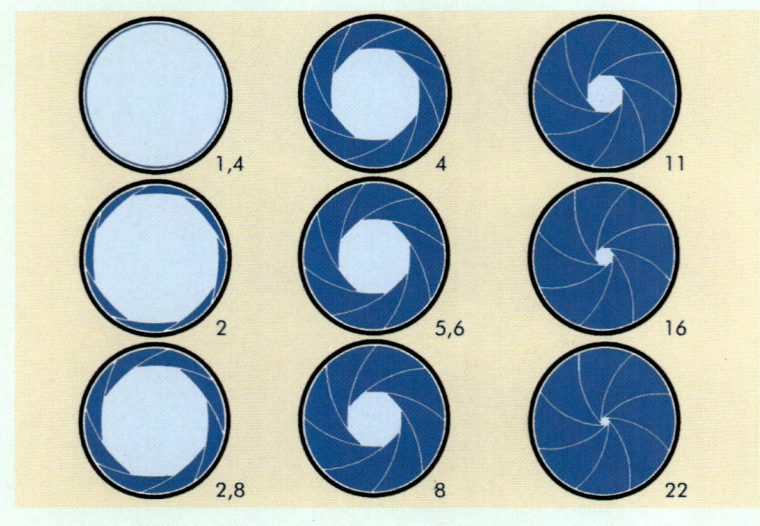

Die Normreihe der Blendenzahlen und – am Beispiel eines Öffnungsdurchmessers – die dazugehörigen Blendenöffnungen.

Wenn sich reproduzierbare Werte ergeben sollen, muss man natürlich ein Maß für die Größe des von der Blende gelassenen „Lochs" finden. Und so schuf man die Blendenzahlen, die bei größter Öffnung anfangen und bei kleinster enden. Die internationale Blendenreihe umfasst in dem hier interessierenden Bereich folgende Werte: 1,4 – 2 – 2,8 – 4 – 5,6 – 8 – 11 – 16 – 22 – 32. In der fotografischen Praxis bezeichnet man die Blendenzahlen schlicht als „Blenden", und so hören Sie die alten Hasen von „Blende 5,6" oder „Blende 11" reden. Wichtig ist, dass Sie stets daran denken, dass eine „große Blende" dasselbe ist wie ein „großes Loch". Dabei hat eine große Blende jedoch eine kleine, das heißt niedrige, Blendenzahl: 2,8 zum Beispiel. Eine kleine Blende hingegen wäre vielleicht 8 oder 11.

Nachdem auch die Blende elektronisch in halben Stufen einstellbar ist, ergeben sich Zwischenwerte wie 3,5; 4,5 oder 6,7.

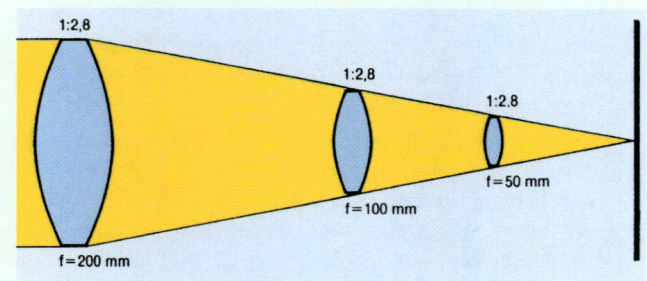

Je länger die Brennweite, um so größer muss der Öffnungsdurchmesser werden, wenn dieselbe Lichtmenge auf den Film treffen soll. So fordert die Brennweite 100 mm für dieselbe Lichtstärke den doppelten, die Brennweite 200 mm den vierfachen Öffnungsdurchmesser des Normalobjektivs 50 mm.

Je lichtstärker das Objektiv, um so besser die Chancen für Aufnahmen bei schwachem Licht.

Auch die Blendenzahlen folgen dem Verdoppelungsprinzip: Mit jeder Stufe von 1,4 ausgehend, verringert sich die eingelassene Lichtmenge um die Hälfte. Und damit wird ein beliebiges Jonglieren mit Blenden- und Verschlusszeitenstufen möglich, denn stets wird die Lichtmenge in gleichen Schritten erhöht oder verringert.

Missverständliche Lichtstärke

Nehmen Sie den Begriff der Lichtstärke bitte nicht wörtlich. Der richtige Fachausdruck wäre eigentlich „Öffnungsverhältnis", aber der volkstümliche Begriff der Lichtstärke hat sich nun mal eingebürgert.

Brennweite: 20 mm    *Brennweite:28 mm*

Brennweite: 50 mm    *Brennweite: 80 mm*

Brennweite: 135 mm    *Brennweite: 200 mm*

Enorm ist der Unterschied im Bildwinkel, wie ihn ein Superweitwinkel 20 mm und ein Tele 200 mm einfangen. Der Standort wurde bei diesen Aufnahmen nicht verändert, lediglich der Ausschnitt den unterschiedlichen Gegebenheiten angepasst. So ist die Perspektive in allen Aufnahmen gleich. Alle sind gewissermaßen optische Ausschnittvergrößerungen aus dem ersten Bild.

Gemeint ist in der Optik beileibe nicht die Stärke des Lichts, sondern die bei größter Öffnung eines Objektivs eingelassene Lichtmenge. Und wenn Sie auf Ihrem Objektiv lesen „1:4", so beginnt für Sie der Spaß am Fotografieren bei „Blende 4". Sie erkennen die Querverbindung zur Blendenzahl. Je niedriger die Zahl hinter dem Doppelpunkt, um so lichtstärker ist das Objektiv, um so länger können Sie auch bei schwächerem Licht noch fotografieren. Hüten Sie sich jedoch, die Lichtstärke als Qualitätskriterium zu betrachten. Im Gegenteil: Höhere Lichtstärke stellt immer höhere Anforderungen an die Kunst der Konstrukteure – und Ihren Geldbeutel! Denn es müssen immer größere Linsen eingesetzt werden, bei denen die Korrektion der Abbildungsfehler immer höheren Aufwand erfordert.

Nachdem heute alles „international" ist und in vielen Sprachen verständlich sein muss, verwenden Kamerahersteller in LCDs (zum Beispiel bei Canon Blitzgeräten) einheitlich das englische „F" (oder „f") als Abkürzung für die Blende. In der Literatur jedoch haben diese Abkürzungen nichts zu suchen, denn „f" ist das deutsche Kurzzeichen für die Brennweite – und die ist wieder etwas ganz anderes.

Die Brennweite

Ein paar in der Fotografie geradezu unentbehrliche Fachausdrücke muss ich Ihnen schnell noch erklären, denn ohne sie kommen wir beim besten Willen nicht aus.

Die Brennweite ist eigentlich ein recht plastischer Begriff: Halten Sie eine Lupe oder eine beliebige andere Linse in einem solchen Abstand vor ein Stück Papier, dass das Abbild der Sonne – also eines unendlich weiten Objekts – als scharfer Punkt darauf erscheint. Nach einer Weile wird das Papier ganz wörtlich zu brennen anfangen.

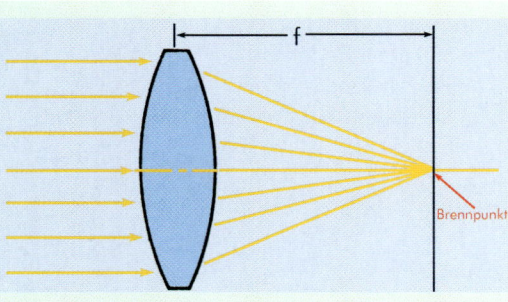

Die Strecke »f« in der Skizze entspricht der Brennweite der Linse. In diesem Abstand kommen die parallel einfallenden Strahlen zum Schnitt.

f

Brennpunkt

Und damit haben Sie den Abstand für die punktförmige Abbildung im Unendlichen liegender Motivpunkte gefunden. Für die fotografische Praxis hat die Brennweite insofern große Bedeutung, als sie den vom Objektiv erfassten Bildwinkel bestimmt. Eine stark gekrümmte Linse – um bei diesem Beispiel zu bleiben – bildet die vor ihr liegende Szene in kurzem Abstand ab, eine schwächer gekrümmte in größerem. Bei kurzem Abstand ergibt sich ein weiter Winkel: Bilden Sie einen Kreis aus Daumen und Zeigefinger, und halten Sie ihn vors Auge. Bei direktem Kontakt erblicken Sie viel von der Szene. Je weiter Sie den Kreis vom

Auge wegrücken, um so kleiner wird die durch ihn sichtbare Motivfläche – Sie simulieren den Effekt einer langen Brennweite, eines Teleobjektivs. Und so denken wir, wenn wir von B r e n n w e i t e n sprechen, eigentlich nur an den Effekt, den Bildwinkel, vom Superweitwinkel- übers Weit- und Nor-

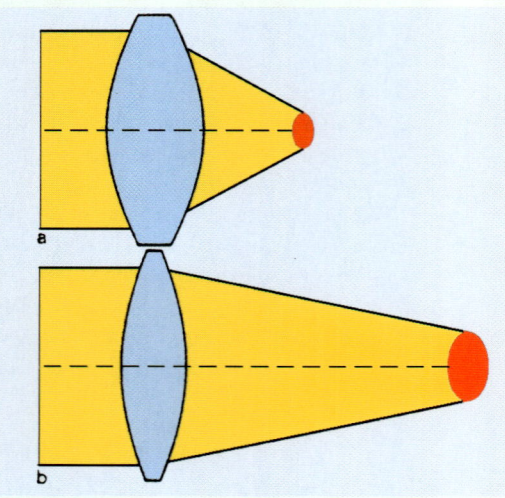

Die Brennweite bestimmt den von einer Linse oder einem optischen System erfassten Bildwinkel für ein bestimmtes Aufnahmeformat. Eine stark gekrümmte Linse bringt die Strahlen in kürzerem Abstand zum Schnitt als eine schwächer gekrümmte. Eine kurze Brennweite entspricht einem großen Bildwinkel (Weitwinkel), eine lange bildet nur einen schmalen Winkel ab (Teleobjektiv).

malwinkel- bis zum Tele- und Supertele-Objektiv.

Noch eines müssen Sie sich an dieser Stelle vergegenwärtigen: Je länger die Brennweite eines Objektivs, um so größere Linsendurchmesser werden erforderlich, um die Lichtstärke auf gleicher Höhe zu halten. Bei einem Normalobjektiv, zum Beispiel, dessen Brennweite man bei Kleinbild mit 50 mm ansetzt, ergibt Lichtstärke 1:2,8 eine recht kleine Öffnung. Wenn Sie sich hingegen die Werkzeuge der Profis anschauen, die bei Sportveranstaltungen aufgereiht sind, dann wird Ihnen auffallen, welch enormen Linsendurchmesser diese haben. Dabei kommen sie im günstigsten Fall über 1:2,8 nicht hinaus! Lediglich die Brennweite dieser Objektive ist wesentlich länger, vielleicht 300 mm, 400 mm oder mehr. Fazit: Lichtstärke kostet viel Geld, insbesondere wenn man hohe Ansprüche an die Abbildungsqualität und – bei Zoomobjektiven – an den Brennweitenbereich stellt.

Die Schärfentiefe

Wenn Sie sich gute Fotos einmal genauer anschauen, werden Sie sich fragen, warum wohl in den einen von vorn bis hinten alles scharf zu sein scheint, während sich in anderen das Hauptobjekt plastisch gegen einen in Unschärfe aufgelösten Hintergrund abhebt.

Die Erklärung liefert die Unvollkommenheit unseres Auges: Bis zu einer gewissen Grenze merken wir nicht, dass angebliche Bildpunkte so viel Speck angesetzt haben, dass sie zu Scheibchen ge-

*Verhältnis zwischen
bildseitiger Schärfentiefe
und Öffnung*

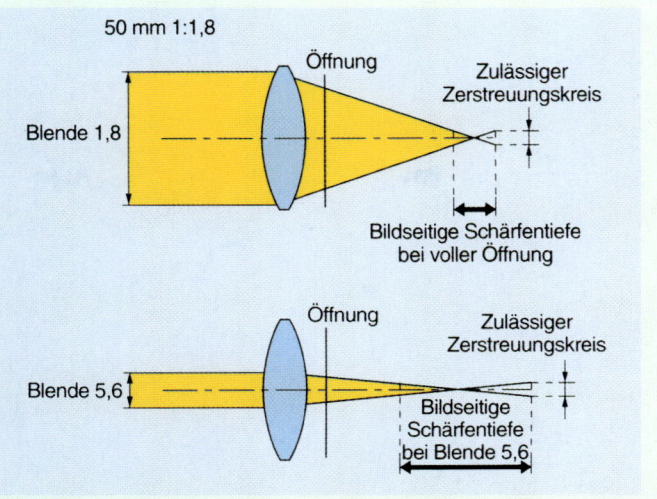

worden, also gar nicht mehr „scharf" sind. Und so kommt es, dass wir einen bestimmten Tiefenbereich im Bild als scharf akzeptieren. Das ist die sogenannte Schärfentiefe.

Nun gut. Aber warum mal viel, mal wenig? Schuld daran ist die Blende, die Größe der Lichteinfallsöffnung. Ein kleines „Loch" erzeugt ein sehr schlankes Strahlenbündel, ein großes ein breites. Je breiter jedoch das Strahlenbündel, um so schneller wachsen die Punkte in der Bildebene zu Scheibchen an, um so geringer die Schärfentiefe. Mit anderen Worten, je größer die Öffnung, desto geringer die Schärfentiefe. Für die Praxis heißt das:

◆ **Große Blenden (gleich Öffnungen) erzeugen geringe Schärfentiefe, kleine Blenden große.**

Nachdem sich gezeigt hat, dass der Linsendurchmesser brennweitenabhängig ist, wird klar, dass – zum Beispiel – Blende 2,8 bei Brennweite 50 mm andere Schärfenverhältnisse im Bild erzeugt als Blende 2,8 bei 300 mm. Im letzteren Fall ist die Öffnung vergleichsweise riesig, und es ergibt sich nur sehr geringe Schärfentiefe. Woraus sich die zweite Regel ableitet:

◆ **Kurze Brennweiten erzeugen (von ein und demselben Standort) große, lange geringe Schärfentiefe.**

Noch einen dritten Einflussfaktor gibt es: die Einstellentfernung. Je kürzer nämlich die Einstellentfernung, um so geringer wird die Schärfentiefe. In der Nahfotografie bleiben bei entsprechend großer Abbildung auf dem Film nur noch Millimeter übrig. Die EOS 300V bietet Ihnen mit ihrer Schärfentiefenautomatik (A-DEP) besonderen Komfort. Doch davon wird noch getrennt die Rede sein.

Ein starkes Weitwinkelobjektiv erzeugt – zudem bei kleiner Blende – große Schärfentiefe.

Schärfentiefenkontrolle im Sucher

So herrlich angenehm und vielseitig eine einäugige Spiegelreflexkamera ist, in einem Punkt macht uns der Reflexsucher etwas vor: Er zeigt das Bild stets *bei größter Blende*, das heißt mit geringster Schärfentiefe. Erst unmittelbar vor der Belichtung wird das Objektiv auf Arbeitsöffnung abgeblendet. Und das ist gut so, denn nur so kommen Sie in den Genuss eines hellen Sucherbildes und können die Lage der Schärfenebene genau erkennen.

Zumindest am Anfang kann Sie diese Besonderheit in die Irre führen. Fotografieren Sie zum Beispiel eine Person, so zeigt Ihnen der Sucher das Bild, wie es mit voller Öffnung aussehen würde. Die Umgebung ist – wenn Sie nicht gerade ein kurzbrennweitiges Objektiv verwenden, das sowieso kaum für Porträts geeignet ist – in wohltuende Unschärfe getaucht. Im fertigen Bild jedoch klebt die Person womöglich an einem scharfen Hintergrund, der sich

In den Kreativprogrammen genügt ein Druck auf die Taste unter der Objektiventriegelung, um das Objektiv auf Arbeitsblende abzublenden, so dass eine Abschätzung der Schärfentiefe im Mattscheibenbild möglich wird. Durch die kleinere Öffnung dunkelt dieses natürlich entsprechend ab.

Mit großer Blende wird der Vordergrund bei Fokussierung auf die Ferne unscharf.

Stärke Abblendung dehnt den Schärfenbereich im Bild aus.

störend aufdrängt. Der Grund: Die Belichtung erfolgte mit einer wesentlich kleineren als der vollen Öffnung, und so wurde ein größerer Tiefenbereich scharf abgebildet.

Mit einiger Praxis lernt man abschätzen, welchen Effekt wohl eine gewisse Blende bei einer gewissen Brennweite haben wird. Selbst dann jedoch gibt es Fälle – zum Beispiel in der Nahfotografie –, in denen man die Schärfentiefe nach dem Augeneindruck auspendeln oder zumindest in großen Zügen überprüfen möchte. Und dabei kommt Ihnen die EOS 300V mit ihrer elektronischen Abblendtaste entgegen. Ein Druck mit dem linken Daumen auf die Taste unter der Objektiventriegelung, und die Blende schließt sich in den Kreativprogrammen (nicht jedoch in den Automatikprogrammen) auf die eingestellte oder automatisch eingesteuerte Arbeitsblende. Dabei dunkelt das Sucherbild natürlich entsprechend ab, doch die Schärfentiefe lässt sich – außer bei sehr kurzbrennweitigen Objektiven – einigermaßen abschätzen.

Diesen schnellen Druck sollten Sie sich zumindest am Anfang öfter gönnen, denn er kann Ihnen Enttäuschungen ersparen. Immerhin ist eine Abblendtaste in der Preislage der EOS 300V alles andere als selbstverständlich, und es wäre schade, den gebotenen „Luxus" nicht zu nutzen.

Das Zusammenspiel aller Teile

Verschluss und Blende sind gewissermaßen Gas und Bremse Ihrer Kamera. Sie machen einen Großteil Ihres fotografischen Gestaltungsspielraums aus.

Die Verschlusszeit bestimmt die Konturenschärfe, und dabei kann es sich sowohl um jene von bewegten Objekten handeln als auch um die Bildschärfe schlechthin, die sich bei Aufnahmen aus der Hand nur bis zu einer bestimmten Belichtungszeit garantieren lässt. Denn wenn die Kamera im Moment der Auslösung nicht absolut ruhig steht, nützt Ihnen auch das beste Canon Objektiv nichts – Verwacklungsunschärfe macht das Bild zunichte. Hierfür gibt es eine ganz einfache Regel, die Sie sich genau einprägen sollten:

Die Verschlusszeit sollte bei Freihandaufnahmen nicht länger sein als der Kehrwert der Aufnahmebrennweite in Sekunden. Mit anderen Worten, 1/50 s wäre die Grenze für die Normalbrennweite 50 mm, 1/200 s für die Telebrennweite 200 mm und so weiter. Bei Weitwinkelobjektiven sollte man diese Regel nicht ganz so wörtlich nehmen, denn ein solches Objektiv mit seinem großen Bildwinkel quetscht so unzählig viele Details ins Bild hinein, dass die Bildschärfe schon beim leisesten Anschein von Verwacklungsunschärfe nicht mehr befriedigen könnte. Betrachten Sie deshalb die „normale" Untergrenze von 1/60 s auch hier als gültig, im Notfall vielleicht noch 1/45 s.

Je kürzer die Verschlusszeit, um so stärker wird Objektbewegung eingefroren. So erlaubt es die Kamera, Bewegungsphasen aus einem Ablauf herauszulösen, wie sie dem nackten Auge verwehrt bleiben. Denn wir sehen Bewegung stets fließend, niemals stehend. Ein in der Luft hängender Springer ist eindrucksvoll, für das Auge jedoch letztlich „eine neue Erfahrung". Bei einer ganzen Reihe von bewegten Objekten wird man deshalb nicht unbedingt letzte Schärfe suchen, sondern die Andeutung der Bewegung durch ein gewisses Maß an Bewegungsunschärfe vorziehen – wir nähern uns dem Augeneindruck an. Freilich, die Dosierung dieser

Versuchen Sie bei Ihren Aufnahmen stets, das Format zu füllen, nur das Wesentliche abzubilden. Je straffer Sie die Bilder gestalten, um so stärkere Wirkung können sie entfalten.

Unschärfe ist außerordentlich schwierig, denn sie hängt von Aufnahmeabstand, Bewegungsrichtung, Schnelligkeit und Abbildungsmaßstab ab. Deshalb lässt sie sich wohl eher intuitiv erfassen, und man wird ein wenig Erfahrung sammeln müssen, um die Verhältnisse richtig abzuschätzen lernen.

Die Blende ihrerseits bestimmt die Schärfentiefe. Wie das funktioniert, wissen wir ja inzwischen. Beide – Verschluss und Blende – ergänzen sich in idealer Weise. Beide weisen identische Stufung auf, so dass man aus gestalterischen Gründen bei einer Komponente spielend das zugeben kann, was man bei der anderen wegnimmt. Nehmen wir ein Beispiel. Die Kamera hat die folgenden Belichtungsdaten ermittelt: Blende 5,6 – Verschlusszeit 1/125 s. Wenn Sie sich an die festen Stufen halten, könnten Sie dieselbe Belichtung auch mit folgenden Einstellungen erzielen:

Blende 2,8	1/500 s
Blende 4	1/250 s
Blende 8	1/60 s
Blende 11	1/30 s
Blende 16	1/15 s

Was passiert? Bei Blende 2,8 und 1/500 s ergibt sich geringe Schärfentiefe, jedoch hohe Konturenschärfe, insbesondere bei bewegten Objekten. Am anderen Ende, bei Blende 16 und 1/15 s, erhalten Sie große Schärfentiefe, die jedoch bei einer Aufnahme aus der Hand durch die unvermeidliche Verwacklungsunschärfe zunichte gemacht würde. Und so pendelt man in der Praxis die Werte aus, bis sie der persönlichen Vorstellung entsprechen.

Die ersten Schritte

Was die Verpackung anbelangt, besteht eine Reflexkamera längst nur noch aus dem Kameragehäuse – und einer schier qualvollen Auswahl von Objektiven, die sämtlich für sie geeignet sind. Im Folgenden soll die EOS 300V mit dem im „Satz" gelieferten Canon Zoomobjektiv 1:4-5,6/28-90 mm II als Beispiel dienen.

Kamera und Objektiv sind fein säuberlich getrennt verpackt. Um die Kamera grundsätzlich startklar zu machen, bedarf es einiger vorbereitender Handgriffe.

Stromversorgung

Die EOS 300V bezieht ihre Spannung aus zwei Lithium-Batterien vom Typ CR2. Bei Normaltemperatur reichen diese zur Belichtung von etwa 67 Filmen zu 24 Aufnahmen ohne Blitz aus. Wenn Sie die Hälfte der Aufnahmen blitzen, verringert sich diese Zahl auf etwa 30, bei 100%igem Blitzeinsatz auf etwa 22. Die Zahlen für eine Temperatur von –10°C lauten ca. 44, 20 bzw. 15.

Beide Batterien müssen so in das Batteriefach eingesetzt werden, dass ihre (vorstehenden) Pluspole in Richtung Batteriefachdeckel zeigen.

Sie merken schon, bei niedrigen Temperaturen lässt auch die Leistung der sonst so stabilen Lithium-Batterien merklich nach. Dagegen ist nur ein Kraut gewachsen: Temperieren Sie die Ersatzbatterien in einer warmen Innentasche der Kleidung, und tauschen Sie sie in gewissen Abständen gegen die in der Kamera befindlichen aus. So können sich die einen gewissermaßen „die Füße wärmen", während die anderen einspringen.

Die vorstehenden Angaben für die mit einem Batteriesatz zu belichtenden Filme sind übrigens nur Richtwerte. Denn wer weiß schon, wie lange Sie zuvor oder dazwischen mit der Kamera spielen, scharfstellen, Funktionen ausprobieren usw., ohne eine einzige Aufnahme zu machen. All das kostet natürlich Strom, und den müssen Sie von den Richtwerten abziehen. Trotzdem sollten Sie nicht geizen und gerade zu Beginn das überlegte Spielen mit der Kamera als gewinnbringende Investition betrachten.

Grundsätzlich sollten Sie durch Mitnahme von Ersatzbatterien vorsorgen, natürlich um so mehr, je weiter Sie sich von den heimatlichen Gefilden entfernen. Denn es wäre zu schade, wenn Ihnen gerade am Ende der Welt das Licht ausginge. Wechseln müssen Sie übrigens immer *beide* Batterien. Eine allein tut's nicht, sie würde durch die zweite, schwache, in kurzer Frist entladen. Und natürlich sollten beide Batterien grundsätzlich vom gleichen Typ und Hersteller sein. Vor dem Einlegen schalten Sie die Kamera aus. Gegebenenfalls empfiehlt es sich, die Batteriepole mit einem sauberen, trockenen Tuch blank zu reiben, um optimalen Kontakt sicherzustellen.

Untergebracht sind die beiden Batterien im Handgriff. Das Batteriefach ist von unten zugänglich. Ein leichter Druck auf den Riegel des Batteriefachdeckels, und das Fach liegt vor Ihnen. Innen im Batteriefachdeckel weist die Markierung (+) drauf hin, wie die Batterien gepolt werden müssen: Beide mit dem (vorstehenden) Pluspol nach oben, das heißt außen. Bei falscher Polung bleibt nach dem Einschalten die LCD tot.

Die Batterieprüfung

Sobald Sie die Kamera einschalten, indem Sie den Funktionswähler aus seiner Ausschaltstellung OFF drehen, erscheint in der linken unteren Ecke der LCD ein Batteriesymbol. Es zeigt Ihnen jederzeit auf einen Blick, wie es um die Stromversorgung ihrer EOS 300V bestellt ist: Ist das Symbol völlig schwarz, geht es den Batterien gut. Ist nur noch eine Hälfte schwarz, nimmt die Batterieleistung ab. Blinkt das halbschwarze Symbol, steht ein trauriges Ereignis bevor. Wenn schließlich ein leeres Batteriesymbol blinkt, sind die Batterien am Ende ihres Weges angelangt. Solange der Auslöser nicht blockiert, können Sie noch fotografieren. Für den Filmtransport danach – oder gar eine Filmrückspulung – ist es dann jedoch wahrscheinlich schon zu spät. Sie müssen neue Batterien einlegen, wozu Sie die Kamera zunächst ausschalten.

Das Batterieteil BP-220 wird an die Bodenplatte der Kamera angesetzt und gestattet durch seinen getrennten Auslöser besonders entspannte Haltung bei Hochformataufnahmen.

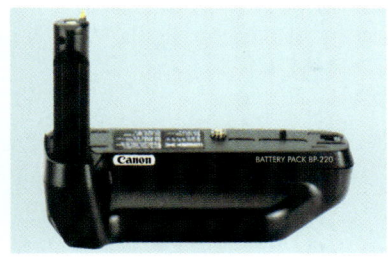

Die alternative Spannungsquelle

Das Batterieteil BP-220 hat gleich drei Aufgaben: Zunächst hilft es da ein wenig nach, wo die Konstrukteure für große, kräftige Hände vielleicht etwas zu zierlich gebaut haben. Es wird an die Bodenplatte der Kamera angesetzt und in der Stativbuchse befestigt. Ein Formteil greift statt der Lithium-Batterien CR1 in das Batteriefach ein und stellt die elektrische Verbindung her.

Anstelle der normalen Kamerabatterien treten vier Alkali-Mignonzellen, wie sie praktisch überall in der Welt leicht erhältlich sind. Auch NC- bzw. NiMH-Mignon-Akkus sind verwendbar, nicht hingegen Lithium-Mignonzellen. Schließlich wird das Batterieteil zum prakti-schen Hochformat-Handgriff, denn es enthält einen zusätzlichen Auslöser, der unveränderte Kamerahaltung auch bei Hochaufnah-men gestattet.

Anbringen des Schulterriemens

Der breite Nylonriemen enthält auf einer Seite einen Gum-mi-Okulardeckel, der erforderlich wird, wenn Sie mit Belichtungs-automatik – zum Beispiel vom Stativ – fotografieren und das Oku-lar bei der Auslösung nicht durch Ihr Auge abgeschattet wird.

Das Anbringen des Schulterriemens bereitet Uneingeweihten immer wieder Schwierigkeiten, deshalb hier kurz der Vorgang: Ziehen Sie zunächst das Ende des Riemens aus der Kunststoff-spange, und führen Sie es durch die Kamerahalterung, anschlie-ßend wieder durch die Spange bis unter die zweigeteilte Spann-klemme. Ziehen Sie das durch die Klemme laufende Stück Rie-men nach oben, so dass Platz wird, um das Riemenende von unten

Ein Ufo mitten in München? Mit schussbereiter Kamera hal-ten Sie es fest, noch bevor es wieder abhebt...

durch die Klemme zu führen. Wenn Sie das Ende nicht weit überstehen lassen, ist später nichts im Weg. Nun können Sie das obere Riemenstück in der Klemme straffziehen. Die eingangs erwähnte Spange schieben Sie ganz nach unten bis zur Kamerahalterung, damit die beiden Riemenstränge keine offene Schlaufe bilden.

Ansetzen des Objektivs

Das Ansetzen eines Objektivs ist Sekundensache: Nehmen Sie den Gehäusedeckel und den hinteren Objektivdeckel ab, und setzen Sie das Objektiv so an, dass seine rote Tastkuppe dem roten Punkt am Kameragehäuse gegenübersteht. Verriegeln Sie es mit einer kurzen Rechtsdrehung. Die Objektiventriegelung darf dabei nicht gedrückt werden, denn sie könnte das Objektiv am Einrasten hindern.

Die Objektive sind mit einem kleinen Schieber versehen, der für die Einstellung auf Autofokus (AF) bzw. manuelle Fokussierung (M oder MF) dient. Stellen Sie diesen Schieber für den Normalbetrieb auf AF. Das ist auch schon alles.

Zum Abnehmen des Objektivs rollt der rechte Zeigefinger auf der Objektiventriegelung ab, während das Objektiv bis zum Anschlag nach links gedreht wird. Dann wird es entnommen.

Setzen Sie Objektive grundsätzlich mit der Frontlinse nach unten ab, um ihre Signalkontakte an der Rückseite zu schützen. Das Aufsetzen der Objektivdeckel vorn und hinten ist unbedingt erforderlich. Auch der Gehäusedeckel sollte sofort nach dem Abnehmen des Objektivs aufgesetzt werden, um das Kamera-Innere zu schützen. Berühren Sie bei abgenommenem Gehäusedeckel keinesfalls den empfindlichen Schwingspiegel! Seine exakte Justierung ist ausschlaggebend für einwandfreies Funktionieren der Kamera. Eventuelle Staubteilchen in diesem Bereich haben keinen Einfluss auf die Bilder, können lediglich im Sucher sichtbar werden. Ein stark verschmutzter Schwingspiegel sollte nur vom Canon Kundendienst gereinigt werden.

Entscheidend für die Bildschärfe: Richtige Kamerahaltung

Jetzt endlich kann sich Ihr Tatendrang entfalten. Sie dürfen die Kamera nach Herzenslust ausprobieren und sollten ruhig ein wenig mit ihr spielen, um sie richtig „in den Griff" zu bekommen. Noch können Sie alle Funktionen bequem durchexerzieren, ohne Film zu vergeuden.

Für die Schärfe Ihrer Bilder enorm wichtig ist richtige Kamerahaltung, und die sollten Sie ruhig ein wenig vor dem Spiegel üben. Gerade falsche Kamerahaltung ist der Kardinalfehler vieler Hobbyfotografen. Verkneifen Sie es sich, die linke Hand um die linke Kameraseite zu legen! Diese so viel praktizierte Haltung gibt der Kamera keinen vernünftigen Halt, denn da Sie nicht im Schwerpunkt angreifen, schwingt sie ständig um die Aufnahmeachse. Mit einem größeren und schwereren Objektiv schließlich wird sie kopflastig und vollends instabil.

Gewöhnen Sie sich von Anfang an die einzig vernünftige Haltung an – und üben Sie diese, bis sie sitzt: Die rechte Hand umspannt den Handgriff, der Zeigefinger liegt auf dem Auslöser. Der linke Handballen stützt die Kamera, Daumen und Zeigefinder der linken Hand umfassen das Objektiv von unten – gegebenenfalls von oben – und haben dabei gleichzeitig Gelegenheit, bei Bedarf den Brennweitenring zu drehen. So liegt die Kamera bei Queraufnahmen sicher in der Hand.

Für Hochaufnahmen stützen Sie die linke Kameraseite auf dem linken Handballen auf und greifen das Objektiv – diesmal noch bequemer, aus etwas größerem Abstand – wieder mit Daumen und Zeigefinger. Der Auslöser liegt oben. Und denken Sie stets daran: Das schärfste Canon Objektiv nützt Ihnen nichts, wenn Sie die Kamera bei der Auslösung nicht absolut ruhig halten! Dazu gehört auch die feinfühlige Auslösung. Keinesfalls darf sich der Zeigefinger auf den Auslöser herabstürzen. Statt dessen liegt er ganz leicht auf dem Auslöser, verstärkt zur Belichtung lediglich den Druck. Und diese Bewegung muss aus dem Fingergelenk kommen!

Der Auslöser arbeitet in zwei klar definierten Stufen: Angetippt – bis zum Druckpunkt gedrückt – schaltet er das AF-System und das Belichtungsmesssystem ein, sofern sich der Funktionswähler nicht in Stellung OFF befindet. Die Kamera stellt die Schärfe ein und ermittelt die erforderlichen Belichtungsdaten. Erst wenn Sie den Druckpunkt überwinden, wird die Belichtung eingeleitet. Auch dies sollten Sie zunächst ein wenig üben.

*Gerade bei Innen-
aufnahmen wird
höhere Filmemp-
findlichkeit oft zum
letzten Ausweg. Da-
bei kann sich die
Leistung moderner
Emulsionen sehen
lassen.*

Und nun können Sie gleich noch eine Grundeinstellung vor-
nehmen: die Ein- bzw. Ausschaltung der Signaltöne. Durch Druck
auf die Funktionstaste können Sie einen Pfeil in der LCD auf das
Schallwellensymbol dirigieren. Ohne die Taste weiter zu drücken,
ist danach mit dem Einstellrad die Einstellung von 0 oder 1 möglich. Linksdrehung des Rades führt zur Einstellung von 0, Rechtsdrehung zu 1. Durch kurzes Antippen des Auslösers wird die Einstellung übernommen. In Stellung 1 quittiert die Kamera die
Scharfeinstellung und zum Beispiel den Ablauf des Selbstauslö-
sers akustisch.

Rund um den Film

Trotz der sprunghaften Entwicklung der digitalen Fotografie ist der chemische Film nach wie vor unübertroffen als kostengünstiges Speichermedium. Denn nicht nur die Elektronik hat Fortschritte gemacht, sondern auch die Emulsionstechnik. Und so mag sich der Abstand zwischen den beiden verringert haben, doch er ist nach wie vor riesengroß. Moderne Filme sind enorm leistungsfähig, und wenn Sie sich einer der guten Marken anvertrauen, werden Sie kaum Enttäuschungen erleben. Grundsätzlich müssen Sie sich nur entscheiden, ob Sie Papierbilder haben möchten, die man leicht einstecken, mitnehmen und herumzeigen kann, oder Farbdiapositive, die in der Projektion ein ungleich wirkungsvolleres,

„echteres" Bild ergeben, weil allein die Größenverhältnisse viel natürlicher sind. Denn ein Bild gewinnt mit seiner Größe an Wirkung. Als klitzekleiner Abklatsch der Wirklichkeit kann es das Auge nicht überzeugen. Beim Dia kommt hinzu, dass es viel feinere Nuancen wiedergeben kann als ein Papierbild und zudem dank der Projektionslampe gewissermaßen von der Sonne durchstrahlt auf der Leinwand steht.

Wann immer Sie sehen möchten, was wirklich in Ihrer Ausrüstung steckt, müssen Sie auf Farbumkehrfilm fotografieren, so dass sie Dias erhalten. Denn Negative durchlaufen einen zweiten optischen und chemischen Prozess: Erst werden sie von einem „Printer" lieblos auf Durchschnitt vergrößert, das Bild dann auf chemischem Wege hervorgerufen. In diesen zwei zusätzlichen Stufen geht einmal zwangsläufig Qualität verloren, zum anderen jedoch beginnt das Vergrößerungsroulette: Der eine Printer ist nicht optimal justiert und erzeugt leichte Unschärfe. Der nächste macht aus Ihren Schneeaufnahmen katergraue Soße. Der dritte vergreift sich an den Farbtöpfen und beschert Ihnen „himmelblaue" Aufnahmen oder rote, oder er lässt die Bilder „anbrennen" – sie kommen viel zu dunkel. Ganz deutlich merken Sie das bei

Mit hochempfindlichem Film lässt sich selbst bei schwachem Licht noch so manches Motiv einfangen.

Nachbestellungen: Was zuvor einwandfrei war, kommt plötzlich mit eklatantem Farbstich, zu hell, zu dunkel, mit lästigen Staubflecken oder sonstwie entstellt. Und da hilft nur eines: Machen Sie Ihrem Händler klar, dass es so nicht geht!

Für die EOS 300V brauchen Sie Kleinbildfilm 135 für das Aufnahmeformat 24 mm x 36 mm. Film für das Advanced Photo System ist *nicht* für diese Kamera geeignet.

Die Filmempfindlichkeit

Jeder Film erzeugt nur beim Auftreffen einer ganz bestimmten Lichtmenge ein optimales Bild. Der Fachmann spricht von seiner Empfindlichkeit. Farbnegativfilme sind in dieser Beziehung zwar recht tolerant und verzeihen eine gewisse Unter- oder Überbelichtung (eher die letztere), doch ein wirklich optimales Bild verlangt präzise Belichtung. Bei Farbumkehrfilm für Dias ist der Belichtungsspielraum weitaus geringer – und das ist ein weiterer Grund, warum sich die wirkliche Leistung einer Ausrüstung nur mit Diafilm ermitteln lässt. Ein in engen Grenzen knapp belichtetes Dia mag noch angehen, ein auch nur leicht überbelichtetes jedoch macht schon keine Freude mehr.

Für die Filmempfindlichkeit finden Sie heute überall die Abkürzung ISO, die für International Standards Organization steht. Die ISO-Zahl für die Filmempfindlichkeit setzt sich aus zwei Werten zusammen: dem früheren ASA der Amerikaner und dem früheren DIN. Und so ergibt sich zum Beispiel der Wert ISO 100/21° für normalempfindliches Material. Einhellig verwenden Kamerahersteller nur die erste der beiden Ziffern, damit die Anzeige übersichtlicher wird. Damit allerdings verkauft man uns heute ASA für ISO, und das war sicher nicht der Sinn dieser Norm, denn dann wäre es einfacher gewesen, sich gleich auf ASA zu einigen.

Für alle normalen Aufnahmen empfiehlt sich Material mit ISO 100/21°, das in höchster Qualität erhältlich ist. Geraten Sie bei längeren Brennweiten mit weniger lichtstarken Zoomobjektiven oder bei ungünstigen Lichtverhältnissen in Verschlusszeiten, die sich aus der Hand nicht mehr unverwackelt halten lassen, dann müssen Sie eventuell generell auf höherempfindliches Material umsteigen, wobei ISO 200/24° ein guter Kompromiss wäre. Wenn Sie sich von vornherein auf schwierige Lichtverhältnisse einstellen können – zum Beispiel bei Nacht- oder bestimmten Innenaufnahmen –, lohnt sich der Griff zu ISO 400/27° mit einer gegenüber dem Normalmaterial vierfachen Empfindlichkeit. Allerdings bedeutet jeder Schritt zu höherer Empfindlichkeit einen gewissen Qualitätskompromiss gegenüber dem Normalmaterial mit seiner hohen Auflösung. Und auch am Geldbeutel spüren Sie den Unterschied. Deshalb lohnt es sich nicht, generell hochempfindliches Material einzusetzen.

Einige Filmtipps

Wenn „Großeinkauf" Vorteile bringt, können Sie sich ruhig einen kleinen Vorrat an Filmen hinlegen – sofern Sie für richtige Lagerungsbedingungen sorgen! Denn Filme mögen's gar nicht heiß. Sie behalten gern einen kühlen Kopf und fühlen sich in der Tiefkühltruhe am wohlsten. Dort sind mehr oder weniger normalempfindliche Filme fast „unbegrenzt" haltbar. Bei -18° kann die Emulsion nicht mehr „arbeiten" – sie bleibt jung und frisch. Damit entfällt auch der Schrecken des auf die Filmschachteln aufgedruckten Verfalldatums.

Vor dem Einsatz tiefgefrorenen Materials müssen Sie den Filmen natürlich genügend Zeit geben, sich der Normaltemperatur anzupassen. Und erst dann dürfen Sie das Plastikdöschen öffnen, in dem die Filmpatrone luftdicht verschlossen ist. (Sonst würde sich die Luftfeuchtigkeit auf der kalten Patrone und dem Film niederschlagen.)

Wenn Sie losziehen, sollten Sie immer mehr Filme einstecken haben, als Sie zu belichten gedenken. Dies gilt insbesondere für eine Reise. Überschlagen Sie, wie viele Filme Sie wohl brauchen werden – und nehmen Sie ruhig die doppelte Anzahl mit. Das mag nicht gelten, wenn Sie partout nur mal das schmucke Hotel und die Kinder am Strand fotografieren wollen. Wenn Sie jedoch bereits so viel Spaß an der Fotografie gefunden haben, dass jede Reise zur fotografischen Herausforderung wird, dann gilt diese Regel ganz gewiss. Das Zukaufen von Filmen unterwegs kann – insbesondere in Ländern mit schwächerer Infrastruktur – wesentlich teurer kommen als zu Hause, und unter Umständen war dieses Material auch nicht optimal gelagert.

Lassen Sie Filme grundsätzlich nicht in einem in der Sonne geparkten Auto zurück. Der dort entstehende Hitzestau ist ihnen ebensowenig zuträglich wie Ihrer Ausrüstung. Sind Sie mit dem

---

Seien Sie nett zu Ihren Filmen:

◆ Bewahren Sie einen Filmvorrat vorzugsweise im Tiefkühlfach auf. Tiefgefroren halten sich Filme lange über das aufgestempelte Verfalldatum.

◆ Geben Sie tiefgefrorenen Filmen Zeit, sich der Umgebungstemperatur anzupassen, bevor Sie die Filmdöschen öffnen.

◆ Schützen Sie die Filme bei Reisen im Pkw vor zu hohen Temperaturen:
Lassen Sie das Material nicht in einem in der Sonne geparkten Fahrzeug zurück.
Schützen Sie die Filme am besten in einer Kühlbox.
Packen Sie die Filme notfalls in die Mitte des Koffers, so dass umgebende Kleidungsstücke als „Temperaturpuffer" dienen können.

◆ Kalkulieren Sie nicht zu knapp: Nehmen Sie stets mehr Filmmaterial mit, als Sie zu belichten gedenken.

Auto in heißem Klima unterwegs, sollten Sie entweder eine entsprechende Isolierverpackung für das Filmmaterial mitnehmen (ideal ist eine Kühlbox), oder die Filme zumindest in die Mitte eines Koffers packen, so dass die umgebenden Kleidungsstücke als Isolierung wirken können.

Einlegen des Films

Die Kamerarückwand springt auf, sobald Sie ihre Entriegelung nach unten drücken. Canon hat sie bei der EOS 300V von der Seite auf die Rückwand verlegt, was die Kamera ein wenig schmäler macht. Bei geöffneter Rückwand sehen Sie im Patronenfach eine Reihe von Kontakten, mit denen die Kamera die Filmpatrone abtastet und sich Informationen verschafft über Filmtyp, Filmlänge und Empfindlichkeit. Im Bildfenster liegen die Lamellen des Verschlussvorhangs ungeschützt vor Ihnen. Diese sind für jede Berührung tabu! Das gilt sogar für die Filmzunge.

Im Patronenfach werden die Kontakte sichtbar, mit denen sich die Kamera über den eingelegten Film, seine Empfindlichkeit, Länge usw. informiert.

Setzen Sie die Filmpatrone mit ihrer vorstehenden Achse voran ein. Das Patronenmaul muss an der Filmführung anliegen. Dann ziehen Sie den Filmanfang – vorsichtig! – bis zur Startmarke auf der gegenüberliegenden Seite heraus. Schießen Sie dabei übers Ziel hinaus, stupsen Sie den Film vorsichtig wieder ein Stück in die Patrone zurück. Der Film muss auf der Filmführung aufliegen; er darf keinen Buckel bilden.

Ein fester Druck schließt nun die Rückwand. Sobald der Funktionswähler auf eine der Belichtungsfunktionen gedreht wird, spult die Kamera den Film vor, und zwar nicht nur bis zur ersten Aufnahme, sondern in seiner ganzen Länge. Während dieses Vorgangs wird die automatisch von der Patrone abgetastete und eingestellte Filmempfindlichkeit in der LCD angezeigt; der Bildzähler zählt vorwärts. Bei der letzten verfügbaren Aufnahme stoppt die Kamera. Im Bildzähler steht zum Beispiel „36"oder „24". Bei den Aufnahmen zählt die Kamera dann rückwärts, so dass Sie nie zu rechnen brauchen, wie viele freie Aufnahmen denn noch verbleiben.

Einen weiteren Vorteil hat dieses Verfahren: Sollten Sie je aus Versehen die Rückwand bei eingelegtem Film öffnen, könnte das einfallende Licht nur den noch nicht belichteten Teil des Films verderben, nicht jedoch die bereits belichteten Aufnahmen. Denn diese spult die Kamera nach jeder Auslösung Zug um Zug in die lichtdichte Filmpatrone zurück. Am Filmende verbleibt ihr denn auch nur der Filmanfang zur Rückspulung, die übrigens automatisch einsetzt.

Sobald der Film automatisch vorgespult ist, erscheint außer der Bildnummer auch das Filmpatronensymbol in der LCD zum Zeichen, dass ein Film eingelegt ist. Sollte die Bildnummer ausbleiben und das Patronensymbol blinken, hat's nicht funktioniert (weil der Filmanfang vielleicht nicht genau an der richtigen Stelle lag), und Sie müssen die Rückwand nochmals öffnen und den Vorgang wiederholen.

Den Filmtransport steuert Canon übrigens besonders elegant. Während früher eine Zahntrommel in die Filmperforation eingriff, um den Film genau eine Filmlänge weiterzutransportieren, ist Canon eine viel bessere Lösung eingefallen: Ein kleiner Infrarotsensor zählt die Perforationslöcher, so dass die Kamera genau weiß, wann sie den Transportvorgang beenden muss. Die Zahntrommel hat ausgedient. Einziger „Nachteil", wenn Sie so wollen, ist die Tatsache, dass damit die Verwendung von Infrarotfilm unmöglich wird. Doch welcher normale Hobbyfotograf befasst sich schon mit Infrarotfilm?

Die Filmempfindlichkeit wird automatisch eingestellt, solange Sie einen DX-codierten Film verwenden – und praktisch alle modernen Filme sind DX-codiert. Der Einstellbereich ist mit ISO 25/15° bis 5000/38° so groß, dass Sie keinen Gedanken weiter daran zu verschwenden brauchen. Sollten Sie aus besonderen Gründen eine etwas längere oder kürzere Belichtung für den gesamten Film wünschen, so können Sie die automatisch eingestellte Empfindlichkeit leicht überspielen: Drücken Sie die Funktionstaste, bis der Pfeil gegenüber ISO steht, und stellen Sie die gewünschte Zahl mit dem Einstellrad ein. Der manuelle Einstellbereich ist noch größer: von ISO 6/9° bis 6400/39°. Beim nächsten Wechsel auf einen DX-codierten Film wird diese Einstellung gelöscht, und die Kamera stellt sich wieder automatisch auf die abgetastete Empfindlichkeit ein.

Entnehmen des Films

Nach der letzen verfügbaren Aufnahme spult die Kamera den Filmanfang automatisch in die Patrone zurück. Zum Zeichen, dass die Rückspulung erfolgreich abgeschlossen ist, blinkt das Patronensymbol in der LCD. Nun können Sie die Rückwand öffnen und die Patrone entnehmen. Geben Sie den Film möglichst bald zur Entwicklung, denn auch das latente (noch unsichtbare) Bild verändert sich bis zur Entwicklung.

Gelegentlich möchte man einen erst teilweise belichteten Film aus der Kamera nehmen, vielleicht weil die Lichtverhältnisse zum Einsatz höherempfindlichen Materials zwingen. In diesem Fall notieren Sie sich zunächst die in der LCD angezeigte Bildnummer. Dann drücken Sie die kleine, versenkte Taste unter dem LC-Dis-

Die Filmpackung gibt Auskunft über alle wichtigen Daten wie Emulsionsnummer, Verfalldatum, Empfindlichkeit und Zahl der zur Verfügung stehenden Aufnahmen. Darüber hinaus sagt sie aus, ob der Film DX-codiert ist (heute praktisch eine Selbstverständlichkeit), so dass Kameras wie die EOS 300V die Filmempfindlichkeit automatisch einstellen können. Hierzu ist auf der Filmpatrone ein Magnetcode aufgetragen, den die Kamera über entsprechende Kontakte im Patronenfach abtastet.

play. Nach der ansonsten normalen Rückspulung kann der Film entnommen werden.

Übertragen Sie die notierte Bildnummer auf das Filmdöschen, denn sicher möchten Sie den Film später wieder einlegen, um die restlichen Bilder zu belichten. Hierzu müssen Sie zunächst ein Hindernis überwinden: Die EOS 300V spult den Filmanfang voll in die Patrone zurück, damit Sie ihn nicht versehentlich ein zweites Mal einlegen und belichten können. Doch wie sollen Sie den Film dann wieder einlegen? Da hilft nur ein im Zubehörhandel erhältlicher „Filmherauszieher", der zugegebenermaßen ein wenig Fummelei erfordert. Aber letztlich kann man die Filmzunge damit wieder herausfischen.

Nach dem Wiedereinlegen des Films setzen Sie den Objektivdeckel auf, drehen den Funktionswähler auf M, schalten AF am Objektiv ab und stellen die kürzeste Verschlusszeit sowie kleinste Blende ein. Dann lassen Sie den Finger auf dem Auslöser, bis die Kamera den Film in Reihenbildschaltung bis zur notierten Bildnummer transportiert hat. Geben Sie zur Sicherheit eine Auslösung zu. Fertig.

Vollautomatisch fotografieren

Jeder Hersteller ist heute bemüht, seine für die Hobbyfotografie bestimmten Reflexkameras so „automatisch" zu machen, dass sie im Sinne einer Knipsmaschine ebenso einfach zu bedienen sind wie eine automatische Kompaktkamera. Die EOS 300V macht dabei keine Ausnahme.

Im (unteren) Automatikbereich des Funktionswählers finden Sie eine Reihe von „Fertiggerichten", die Ihnen alle Arbeit abnehmen, allerdings auch jede Mitsprache. Nicht einmal nachsalzen können

In Vollautomatik wird die EOS 300V zur Schnappschusskamera, die auch dem fotografisch noch Ungeübten technisch einwandfreie Bilder beschert.

Sie... Die Kamera entscheidet, worauf scharfgestellt und wie belichtet wird. Wenn es ihr zu dunkel ist, klappt sie (außer im Landschafts- und Action-Programm) automatisch das Blitzgerät aus und zündet es. Wenn sie bei sehr schwachem Licht nicht mehr automatisch fokussieren kann, schaltet sie automatisch den AF-Hilfsilluminator ein, das heißt, sie blitzt das Objekt kurz an, damit das Autofokus-System „etwas sieht". (Das funktioniert bis zu einer Entfernung von etwa 4 m.) „Kreative Verbesserung" bietet die neue Funktion der Blitzabschaltung per Funktionswähler, die jedwedes Blitzgerät zum Schweigen bringt und damit bei Vollautomatik stimmungsvolle Aufnahmen allein mit dem vorhandenen Licht zulässt.

Das Einstellrad und die meisten Bedienungselemente sind in diesen Funk-

tionen „tot". Sie sollen keine Gelegenheit haben, etwas falsch zu machen. Einstellen können Sie lediglich die Verringerung roter Augen, die Signaltöne und den Selbstauslöser. Auch die Rückspulung eines teilbelichteten Films können Sie noch auslösen, dann jedoch ist Schluss. Die Belichtung wird bei allen Fertiggerichten mit Mehrfeldmessung ermittelt, Schärfenspeicherung beim Antippen des Auslösers ist möglich. Bei bewegten Objekten schaltet die Kamera bei Vollautomatik automatisch auf Schärfennachführung. Lediglich im Action-Programm ist die Kamera von vornherein auf Schärfennachführung (und Reihenaufnahmen) geschaltet.

Das grüne Rechteck

Das also ist die „volle Vollautomatik". Die Kamera funktioniert wie eine Kompaktkamera nach dem guten alten Motto: Hinhalten und draufdrücken. Sie brauchen nur den Funktionswähler auf besagtes grünes Rechteck zu drehen und darauf zu achten, dass eines der AF-Messfelder auf dem Hauptobjekt liegt. Nachdem die sieben Messfelder einen sehr großen Bereich abdecken, dürfte dies in aller Regel der Fall sein.

Das grüne Rechteck wird zur „grünen Welle" für Ihre Aufnahmen.

Trotz der bequemen Vollautomatik haben Sie in der EOS 300V wesentlich mehr Komfort als in einer Kompaktkamera. Im Sucher erscheinen Blende und Verschlusszeit. Letztere blinkt, wenn sie die bereits besprochene Verwacklungsgrenze überschreitet. Dann springt automatisch das eingebaute Blitzgerät ein. Hier allerdings ist Ihre Mitarbeit gefordert: Die Kamera weiß natürlich nicht, was Sie da fotografieren. Und wenn sie hilfreich das Blitzgerät ausfährt, weil's zu dunkel ist, dann müssen *Sie* darauf achten, dass die Reichweite des Blitzgeräts nicht überschritten wird. Denn Licht verliert mit der Entfernung rapide an Intensität – es fällt mit dem Quadrat der Entfernung ab! Das wissen wir schon von einer einfachen Taschenlampe. Der eingebaute Blitz-Winzling schafft mit normalempfindlichem Negativfilm von ISO 100/21° immerhin 4,2 m – wenn Ihr Objektiv zumindest die Anfangsöffnung 1:4 hat. Wegen der gleitenden Lichtstärke moderner Zoomobjektive bleibt Ihnen zum Beispiel beim Canon Zoom 1:4-5,6/28-90 mm bei 90 mm nur noch Blende 5,6 – eine volle Stufe weniger. Und dieses kleinere „Loch" wirkt sich natürlich auf die Blitzreichweite aus. So verringert sich der für Blitzaufnahmen unter diesen Umständen verbleibende Bereich mit zunehmender Brennweite stufenlos bis auf 3 m. Für Aufnahmen im Familien- und Freundeskreis reicht dies im allgemeinen aus. Ausführlicher zur Reichweite im Blitzkapitel.

Bei der Entfernungsmessung nimmt die Kamera automatisch und unwiderruflich alle sieben Messfelder zu Hilfe. Dabei fokussiert sie überwiegend, jedoch nicht ausschließlich, auf das nächstliegende Objekt. Manchmal kommt es vor, dass ein entfernteres, kontrastreicheres Detail, das sich mit einem anderen Messfeld deckt, die Schärfe auf sich zieht. Bei einiger Aufmerksamkeit sehen Sie das jedoch sofort im Mattscheibenbild. Außerdem zeigt Ihnen die Kamera mit den aufleuchtenden Punkten in den AF-Messfeldern an, welches von diesen an der Scharfeinstellung beteiligt war. Ein kurzer Blick auf das Mattscheibenbild beseitigt jeden Zweifel, wo die Schärfe liegt. Sollte die Einstellung ausnahmsweise einmal nicht Ihren Wünschen entsprechen, genügt meist bereits eine geringfügige Ausschnittsänderung und erneutes Antippen des Auslösers, um die Ordnung wiederherzustellen. Oder aber, Sie geben sich einen Stoß und schalten auf eines der Kreativprogramme, in denen Sie die Messfelder einzeln aktivieren können. Mit dem zentralen Messfeld lässt sich dann problemlos auf das gewünschte Detail zielen.

Wie bei den Kreativprogrammen ist die Kamera in Vollautomatik auf AI Focus AF geschaltet. In dieser Betriebsart erkennt die

Wenn es ganz schnell gehen muss, bietet Vollautomatik (oder Programmautomatik) gute Erfolgschancen, denn die Kamera nimmt Ihnen alle „Arbeit" ab.

Diagonalen sind das A und O der Bildgestaltung, denn sie werden zu Leitlinien für das Auge (links).
Eine Straffung des Ausschnitts bringt Ruhe ins Bild und verstärkt die Aussage (rechts).

EOS 300V eine Objektbewegung in Richtung der Aufnahmeachse und schaltet von Schärfenspeicherung bei angetipptem Auslöser automatisch auf Schärfennachführung um.

Mit Vollautomatik können Sie die Kamera relativ unbesorgt irgend jemand in die Hand drücken. Auf eines allerdings sollten Sie bei Ihren Aufnahmen von Anfang an achten: Ordnen Sie die Köpfe Ihrer Lieben nicht ausgerechnet dort an, wo sie in den meisten Amateuraufnahmen zu finden sind – haargenau in der Bildmitte! Das sieht nicht nur ausgesprochen schlecht aus, Sie bringen sich auch völlig unnötig um den Spaß am Bild. Denn warum oben, links und rechts jede Menge „Luft" oder überhaupt nicht zum Thema gehörende Details verewigen und unten das abschneiden, was Sie eigentlich zeigen wollten – die Personen nämlich. Nutzen Sie das volle Format! Und gehen Sie ran! Ein kleiner Klecks in Gottes weiter Natur – „Das ist unser Egon!" – in einem sowieso schon kleinen Bild kann nur enttäuschen. Zeigen Sie wirklich nur das Wesentliche! Je mehr Unwichtiges Sie ausschließen, um so weniger Arbeit hat der Betrachter: Ihre Botschaft kommt viel schneller und nachhaltiger rüber, denn das Auge muss nicht erst „sortieren", was denn nun zum eigentlichen Bild gehört und was nichts anderes ist als störender Ballast.

Wenn Sie allein diese zwei Regeln beherzigen – und in kurzer Zeit werden sie Ihnen in Fleisch und Blut übergehen –, haben Sie bereits einen Riesenschritt nach vorn getan. Ihre Aufnahmen werden sichtbar besser werden.

Die Motivprogramme

Sie sind nicht totzukriegen, die sogenannten Motivprogramme. Gleichschaltung heißt die Devise unserer Tage, damit ja niemand mehr „denken" muss. Dafür haben wir ja schließlich die Technik...

Die Hersteller haben sich inzwischen angewöhnt, nur noch ganz knappe, verallgemeinerte Angaben zu den Motivprogrammen zu machen. Bei einer Landschaft schalten Sie eben auf das Bergsymbol, bei der Oma vor der Laube auf den Mädchenkopf, bei einer Nahaufnahme auf die Blume. Fertig. Die Kamera stellt nicht nur Schärfe und Belichtung automatisch ein, sondern zum Beispiel auch die Filmtransportfunktion (Einzel- oder Reihenbilder).

Solange Sie ein Objektiv nur mäßiger Lichtstärke benutzen, wie das EF 1:4-5,6/28-90 mm, fallen die Unterschiede zwischen den einzelnen Programmen unter Umständen nur sehr gering aus – wenn sie sich denn überhaupt äußern. Und wenn Sie dann lesen, dass Sie bei nächtlichen Aufnahmen ohne ein anzublitzendes Vordergrundobjekt nicht auf das „Nachtprogramm" schalten sollten, sondern auf das „Landschaftsprogramm", dann kommen Ihnen eventuell Zweifel, ob die pauschalen Bezeichnungen die Einsatzmöglichkeiten wirklich präzise abgrenzen. Genau da liegt der Hase im Pfeffer: Sie können es nicht. Ohne den Dingen auf den Grund zu gehen, lässt sich deshalb überhaupt nicht abschätzen, wofür die einzelnen Programme geeignet sind.

Nehmen Sie den „Mädchenkopf" des Porträtprogramms nicht zu wörtlich. Er gilt auch für die Oma.

Porträts

Wenn Sie den Funktionswähler auf den Mädchenkopf drehen, hält die Kamera die Blende voll geöffnet und regelt die Belichtung allein mit der Verschlusszeit. In der Porträtfotografie nämlich wird man versuchen, den Hintergrund, die Umgebung, so weit wie

Das Porträtprogramm ist auf lange Brennweiten abgestimmt. Ein möglichst ruhiger Hintergrund setzt das Modell bildwirksam ab.

möglich durch Unschärfe zu neutralisieren. Und von der Besprechung der Schärfentiefe her wissen Sie, dass eine große Blende zu geringer Schärfentiefe führt. Je länger dabei die Aufnahmebrennweite, um so besser, denn dadurch wird der Effekt noch verstärkt.

Fahren Sie also Ihr Zoomobjektiv so weit wie möglich auf „Tele", und komponieren Sie sehr knapp. Es müssen ja nicht unbedingt noch die Zehenspitzen drauf sein. Rücken Sie also auch hier das Modell ganz groß ins Bild, schneiden Sie es gegebenenfalls sogar an! Gute Profi-Aufnahmen zeigen, wie wirkungsvoll das sein kann. Beachten Sie jedoch, dass eine seitlich blickende Person etwa in einem Bilddrittel stehen sollte, damit sie nicht direkt mit dem Bildrand kollidiert. Eine Person braucht stets Raum „zum Atmen", und das Auge findet es befremdlich, wenn ihre Nase an den Formatrahmen zu stoßen scheint.

Ein weiterer, wichtiger Trick ist die unbedingte Wahrung der Augenhöhe. Der Blick „von oben" verniedlicht und schafft bei Personen meist eine unnatürliche Perspektive. Da genügt es schon, dass Sie als Fotograf größer sind als das Modell. Bedenken Sie, dass kleinere Menschen die Welt aus dieser „Vogelschau" überhaupt nicht kennen und das Bild deshalb unbefriedigend finden. Der erfahrene Fotograf wird die Augenhöhe sogar oft noch unterschreiten – der Blick von leicht unten gibt der Person Gewicht (ohne Pfunde!), führt zu einer insgesamt harmonischeren Darstellung. Ganz besonders gilt diese Regel für Aufnahmen von Kindern, die mit geradezu sträflicher Regelmäßigkeit im recht steilen Blick von oben fotografiert werden. Wenn Sie keinen verstörten Winzling festhalten, sondern ein eindrucksvolles Kindergesicht einfangen wollen, müssen Sie hinuntergehen in die Kniebeuge und „die Welt mit Kinderaugen sehen".

Apropos Augen. In ihnen spiegelt sich die Seele des Menschen, wie man so schön sagt. Deshalb werden sie zum wichtigsten Teil eines Porträts überhaupt. Ein aus kurzem Abstand – bzw. mit entsprechend langer Brennweite – formatfüllend ins Bild gerückter Kopf wird die Grenzen der Schärfentiefe bereits überschreiten, wenn Sie sich an unsere Regeln halten. Das macht gar nichts. Nur eines muss unbedingt scharf sein: die Augen. Deshalb gilt für Porträts der unumstößliche Grundsatz: Fokussierung auf die Augen!

Verstehen Sie das Porträtprogramm jedoch bitte nicht falsch. Für Gruppenaufnahmen reicht die Schärfentiefe – je nach der Lichtstärke des Objektivs – unter Umständen nicht aus. Dann sollten Sie lieber auf Schärfentiefenautomatik (A-DEP) schalten.

Kurze Brennweiten ergeben bei Personenaufnahmen – bei der dann erforderlich werdenden, starken Annäherung – unschöne Verzerrungen, die rein eine Folge des größeren Bildwinkels sind und nichts mit dem optischen Bildfehler der Verzeichnung zu tun haben. Näher an der Kamera befindliche Körperteile, wie Nasen oder Ohren, werden zwangsläufig größer dargestellt als weiter entfernte, und so kommt es zu den unschönen Kartoffelnasen und

Was Sie bei Porträtaufnahmen beachten sollten:

◇ Setzen Sie eine möglichst lange Brennweite ein, damit sich das Objekt plastisch gegen einen unscharfen Hintergrund abhebt.

◇ Rücken Sie das Objekt Ihrer fotografischen Begierde betont groß ins Format.

◇ Lassen Sie der Person „Raum zum Atmen".

◇ Fokussieren Sie auf die Augen.

◇ Gehen Sie auf Augenhöhe – oder noch darunter.

Eine Plastikfolie erzeugte ein surrealistisches Abbild des Posaunenbläsers.

Schweinsohren. Dagegen ist kein Kraut gewachsen, weshalb Sie bei Porträts grundsätzlich zu einer möglichst langen Brennweite greifen sollten.

Wenn Sie versuchen, den Hintergrund durch lange Brennweite und große Blende in möglichst große Unschärfe zu tauchen, dann können Sie ein Übriges tun, indem Sie das Modell nicht unbedingt direkt vor einen solchen Hintergrund stellen. Je größer die Entfernung zum Hintergrund, um so stärker die Unschärfe, um so ruhiger das Bild.

Beim Blitzen haben Sie im Porträtprogramm nur wenig Mitspracherecht, denn lediglich die Verringerung roter Augen ist einstellbar. Bei Gegenlicht wird die Kamera überwiegend eine Unterbelichtung (auf kurze Distanz) verhindern, ansonsten können Sie jedoch hier keinen Aufhellblitz erzwingen. Dieser kann hingegen bei Porträts Wunder wirken, und sei es nur, um Spitzlichter in die Augen zu bringen, die sonst leicht tot erscheinen. Wenn Sie also über die – nun, sagen wir – Knipserei hinauswachsen möchten, dann schalten Sie einfach auf eine der Belichtungsfunktionen im Kreativbereich, zum Beispiel Programmautomatik (P). In diesen Funktionen nämlich können Sie den Blitz nach Belieben zuschalten. Ansonsten ändert sich im wesentlichen eigentlich nichts. Nur, dass Sie hier in allen anderen Details mitreden und eingreifen können.

Es ist bereits eine Canon Tradition, das Porträtprogramm mit der Reihenbildschaltung zu kuppeln: Bei anhaltendem Druck belichtet die Kamera eine Aufnahme um die andere mit einer Frequenz von bis zu 2,5 Bildern in der Sekunde. Wenn Sie also nicht aufpassen und den Druck auf den Auslöser zügeln, dann lächelt Ihnen die Oma vor der Laube gleich mehrfach in einer ganzen Bildserie entgegen. Ich weiß nicht, ob Ihnen das so wünschenswert erscheint.

Landschaften

In der Landschaftsfotografie – so lautet die landläufige Meinung – ist große Schärfentiefe erforderlich. Nun, auch dies ist wieder eine ziemliche Verallgemeinerung, die auf der Annahme beruht, vom Vordergrund bis zum Hintergrund müsse unbedingt alles scharf sein in einer Landschaftsaufnahme. Oft genug wird dies den Tatsachen entsprechen, doch der bewusst Fotografierende wird auch oder gerade einen unscharfen Vordergrund – Blätter oder Blumen als Farbtupfer vielleicht – einsetzen. Ein Fertiggericht jedoch kann nur auf Durchschnitt ausgerichtet sein, denn es soll ja möglichst vielen schmecken. Und so bleibt in diesem Rahmen der Wunsch nach großer Schärfentiefe. (Wer mehr sucht, kann ja auf ein Kreativprogramm schalten.)

Das Bergsymbol auf dem Funktionswähler steht für das Landschaftsprogramm.

Die Kamera hält in diesem – auf dem Funktionswähler durch das Bergsymbol gekennzeichneten – Programm Blende 5,6, bis sie bei 1/60 s anlangt. Ab dieser Grenze verbindet sie eine gleichlaufende Verkürzung der Verschlusszeit mit Abblendung, so dass sich bei gutem Licht Werte wie Blende 8 und 1/125 s oder Blende 11 und 1/250 s ergeben.

Gedacht ist dieses Programm für den Einsatz kurzer Brennweiten, denn es basiert auf der Annahme, in der Landschaft müsse „viel drauf". Für längere Brennweiten eignet es sich nicht, weil dann die Verwacklungsgrenze unterschritten würde.

Für Ihre Landschaftsbilder außerordentlich wichtig ist ein bildwirksamer Vordergrund. An dessen Größe ermisst das Auge die Entfernung zum Hintergrund; das Gehirn denkt förmlich Tiefe in ein ja nur zweidimensionales Bild hinein. Fast immer lässt sich irgend etwas finden, das sich zum Vordergrund erheben lässt – und wenn Sie tief hinuntergehen müssen, damit hohe Gräser und Wiesenblumen Plastik ins Bild bringen.

Für Landschaftsaufnahmen meist unverzichtbar ist ein naher Vordergrund, der allein Plastik ins Bild bringen kann.

Gleichermaßen wichtig ist die Anordnung des Horizonts. Läuft er genau durch die Mitte, zerschneidet er das Bild in zwei gleichwertige Teile, bei denen das Auge zunächst nicht weiß, welchem es den Vorzug geben soll. Ordnen Sie deshalb den Horizont möglichst in einem Bilddrittel an, je nachdem, ob Erde oder Himmel bildwichtiger ist. Bietet sich in einer kargen Landschaft überhaupt kein Vordergrund, kann ihn tiefe Anordnung des Horizonts (bei interessantem Hintergrund und Himmel) entbehrlich machen. Oder aber Sie neigen die Kamera nach unten, so dass der Himmel nahe an den oberen Bildrand rutscht und der Boden – vielleicht ausgetrocknet und zerrissen – zum bildbestimmenden Vordergrund wird. In diesem Fall allerdings muss die Schärfe unbedingt bis zum nahen Vordergrund reichen, während sie im ersteren ausschließlich im Unendlichen liegen kann.

Auch das Licht hat wesentlichen Einfluss auf die Bildwirkung. Wenn Sie mit der Fotografie anfangen, werden Sie kaum auf die Lichtrichtung achten. Dabei ist sie entscheidend für die Plastik Ihrer Bilder. Bei Rückenlicht – wenn die Sonne frontal aufs Motiv fällt – wirkt alles flach und soßig, wenngleich die Farben sehr kräftig kommen. Der Grund: Alle Objekte werfen ihre Schatten hinter sich, wo sie der Kamera verborgen bleiben. Bei Seitenlicht hingegen werden die Schatten sichtbar, und nun spielen Licht und

Schatten miteinander, bringen überzeugende Tiefe ins Bild. Gegenlicht schließlich ist eine besonders reizvolle Beleuchtung, denn sie schafft einmal Ruhe durch große dunkle Flächen und malt reizvolle Lichtsäume um alles, was sich ihm in den Weg stellt. Rauch und Wasserdampf erzeugen faszinierende Stimmungen. Transparente Objekte fangen an zu leuchten. Früher hatten Messsysteme und Filme große Probleme mit Gegenlicht. Heute sind beide auch dieser Herausforderung gewachsen. Die EOS 300V erkennt Gegenlicht dank ihrer 35 Messsektoren und steuert entsprechend gegen, um eine Unterbelichtung zu vermeiden. Sie beherrscht diese Beleuchtung geradezu perfekt, so dass Sie keinesfalls darauf verzichten sollten.

Unbedingt verzichten sollten Sie hingegen auf so geistlose Bilder, wie man sie immer wieder in den Veröffentlichungen zu Kameras finden kann: Da wird von hoher Warte über die Wipfel der Bäume hineinfotografiert in die Landschaft, ohne Vordergrund, ohne Tiefenstaffelung, ohne dass das Auge auch nur den kleinsten Ruhepunkt finden kann. Derartige „Bilder" taugen nur noch für eines – den Papierkorb. Denn *so* sehen Sie eine Szene dank des räumlichen Sehens nie. Wir nehmen Tiefe wahr. Ihre EOS 300V hingegen ist eine „Einäugige", und ihre Art des Sehens können Sie ganz leicht simulieren: Schauen Sie sich die vor Ihnen liegende Szene genau an, und achten Sie auf die Tiefenwirkung. Halten Sie

Seitenlicht modelliert, bringt jede Erhebung plastisch zur Geltung.

Saubere Linientrennung ist enorm wichtig für die Wirkung einer Aufnahme. Hier überschneidet sich der Stern ungünstig mit dem Glockenturm – die Tiefe im Bild ist aufgehoben. „Luft" zwischen den einzelnen Entfernungsebenen lässt das Auge die Entfernungsunterschiede erkennen – das Bild wirkt plastisch.

dann ein Auge zu. Sie werden entsetzt sein über das entstehende Durcheinander, in dem alles ineinanderläuft. *Diese* Welt projiziert die Kamera auf den Film, und nur mit ein wenig Tricksen lassen sich die uns aus der dritten Dimension vertrauten Verhältnisse wenigstens annähernd wiederherstellen.

Ein in diesem Zusammenhang immer wieder übersehenes Detail ist eine saubere Trennung der Linien. Achten Sie darauf, dass sich im Sucher verschiedene Entfernungsebenen nicht überschneiden. Sobald dies nämlich der Fall ist, kann das Auge im Bild keinen Entfernungsunterschied mehr ableiten. Dann „kleben" die Objekte in unterschiedlichem Abstand förmlich aufeinander. Erst wenn Sie „Luft" zwischen den Gegenständen in unterschiedlicher Entfernung lassen, werden diese eigenständig und wirken dem „einäugigen Chaos" entgegen.

Die Kamera ist im Landschaftsprogramm auf One-Shot AF geschaltet. Mit anderen Worten, beim Antippen des Auslösers wird die Schärfe gespeichert. Schärfennachführung kann man sich hier

Was Sie bei Landschaftsaufnahmen beachten sollten:

◇ Sorgen Sie für einen Plastik schaffenden Vordergrund.
◇ Wählen Sie den Aufnahmestandort so, dass Diagonalen entstehen.
◇ Legen Sie den Horizont möglichst nicht genau in die Bildmitte.
◇ Fotografieren Sie vorzugsweise mit Seitenlicht.
◇ Achten Sie auf saubere Linientrennung.

Gegenüberliegende Seite:

Unzählige Nahmotive gibt es, die Ihre Ausbeute wesentlich bereichern können. Die Anordnung des Hauptobjekts in einem Bilddrittel fördert die Harmonie im Bild. Ohne den Farbkontrast Rot-Blau im Hintergrund würde dieser Aufnahme jedoch die Spannung fehlen.

sparen, denn die Landschaft wird Ihnen vermutlich nicht davonlaufen. Lobenswerterweise ist das Blitzgerät in diesem Programm abgeschaltet; eine Landschaft kann man nicht blitzen, und so scheidet eine Fehlerquelle aus.

Als angenehme Zugabe blinkt im Landschaftsprogramm die Verschlusszeit, sobald sie den Kehrwert der Aufnahmebrennweite unterschreitet. Und das ist Ihre Warnung, die Kamera auf eine feste Unterlage zu stellen. Wenn Sie kein Stativ dabei haben, was überwiegend der Fall sein dürfte, tut es zur Not ein Ersatzobjekt – ein Tisch, eine Brüstung, ein Baumstumpf, gegebenenfalls auch ein Baum, an den man die Kamera anlegt oder sich zumindest anlehnt. Dann müssen Sie natürlich äußerst vorsichtig auslösen, um die Kamera nicht zu verreißen. Unter Umständen hilft dabei der Selbstauslöser, denn nach dem Druck auf den Auslöser können Sie die Kamera vor dem Verschlussablauf in Ruhe stabilisieren.

Nahaufnahmen

Das Blumensymbol steht für das Nahaufnahmeprogramm.

Eigentlich sträflich vernachlässigt werden in der Hobbyfotografie Nahobjekte, die zu außerordentlich eindrucksvollen Bildern führen können. Eine ganze Reihe moderner Objektive gestattet die Fokussierung bis zu ansehnlichen Abbildungsmaßstäben, sei es direkt oder über eine spezielle Naheinstellung. Damit erschließen sie eine Vielfalt attraktiver Motive, die im fertigen Bild eine ansehnliche Großabbildung darstellen.

Beim Stichwort Abbildungsmaßstab sollte man sich zunächst über die Größenverhältnisse klar wer-

den. Das Aufnahmeformat der EOS 300V beträgt 24 mm x 36 mm, das sogenannte Kleinbild. Wenn ein Objektiv die Abbildung im Maßstab 1:4 gestattet, so wird ein Objekt mit einem Viertel seiner natürlichen Größe auf dem Film abgebildet. Bei 1:2 wäre es schon halbe natürliche Größe, bei 1:1 Originalgröße, und danach kehrt sich alles um: 2:1 entspricht der Abbildung mit doppelter natürlicher Größe und so weiter.

Nun mögen Sie einwenden, dass ein Viertel natürlicher Größe nicht die Welt wäre. Doch bitte schön – dieses „Viertel" bezieht sich auf das kleine Aufnahmeformat 24 mm x 36 mm! Schon bei Vergrößerung auf das normale Bildformat 10 cm x 15 cm halten Sie eine Abbildung in den Händen, die knapp größer ist als natürliche Größe! Projizieren Sie gar ein Dia auf normale Leinwandgröße, ergibt sich bereits eine Riesenvergrößerung.

Sie sehen, man darf sich von den aufs Aufnahmeformat bezogenen Abbildungsmaßstäben nicht täuschen lassen. Schon mit Ihrem normalen Handwerkszeug lässt sich eine Menge anfangen. Und hierfür bietet die EOS 300V das auf dem Funktionswähler durch das Blumensymbol gekennzeichnete Nahaufnahmeprogramm, das für die rein bildmäßige Fotografie bestimmt ist, nicht für Reproduktionen. Doch das sind genau jene Motive, die für die normale Hobbyfotografie interessant sind: Blumen, Kleintiere, natürliche Nahmotive aller Art.

Teuflisch rot – und im Vorübergehen mitgenommen.

Größere Abbildungsmaßstäbe ergeben sich in der Regel bei längerer Brennweite. Stellen Sie deshalb ein Zoomobjektiv, zum Beispiel, auf eine lange Brennweite ein. Die Kamera arbeitet mit größter Öffnung des Objektivs, maximal jedoch Blende 4. Die Belichtung wird allein mit der Verschlusszeit geregelt. Starke Aufblendung scheint der Regel zu widersprechen, dass man bei Nahaufnahmen wegen der enorm geringen Schärfentiefe weit abblenden sollte, doch vermutlich geht Canon diesen Weg, um zu einigermaßen „haltbaren" Verschlusszeiten zu gelangen. In der bildmäßigen Fotografie muss schnell abfallende Schärfe nicht unbedingt ein Nachteil sein. Sehr kritisch wird dabei allerdings die Scharfeinstellung, denn sie muss ganz präzise auf der bildwichtigsten Ebene liegen. Man muss sich damit abfinden, dass die scharfe Darstellung eines dreidimensionalen Objekts technisch einfach nicht möglich ist.

Die Scharfeinstellung erfolgt auch in diesem Programm mit automatischer Messfeldwahl. Ob dies im Einzelfall angebracht ist, müssen Sie selbst entscheiden. Oft wird es günstiger sein, den Fokussierschalter am Objektiv auf MF zu stellen und an beliebiger Stelle im Motiv allein nach dem Mattscheibenbild zu fokussieren. Hierzu stellen Sie mit dem Entfernungsring des Objektivs die kürzestmögliche Entfernung ein und gehen dann mit der Kamera leicht vor und zurück, bis die Schärfe genau in der gewünschten Ebene liegt.

Bei schwachem Licht klappt das Blitzgerät automatisch aus und zündet. In diesem Fall sind Sie auf eine Mindestentfernung von 1 m festgelegt, denn sonst würde das eingebaute Gerät zur Überbelichtung führen oder am Objekt vorbeischielen. Unter

Was Sie bei Nahaufnahmen beachten sollten:

◇ Versteifen Sie sich nicht auf „zu große Großabbildung". Denken Sie an die zwangsläufige Nachvergrößerung der Negative.

◇ Schalten Sie vorzugsweise AF ab, und fokussieren Sie nach dem Mattscheibenbild, indem Sie mit der Kamera vor und zurück gehen.

◇ Nehmen Sie bei Blitzaufnahmen gegebenenfalls die Gegenlichtblende ab, die den Lichtkegel beschneiden könnte.

◇ Ordnen Sie den Hauptpunkt des Interesses möglichst in einem Bilddrittel an.

Umständen wäre auch das Objektiv „im Weg" und würde den Lichtkegel beschneiden. Und denken Sie daran, eine eventuell verwendete Gegenlichtblende abzunehmen!

Action

Das Symbol des Läufers bezeichnet auf dem Funktionswähler das Action-Programm, und in diesem dreht sich alles um möglichst kurze Verschlusszeiten, denn nur mit diesen lässt sich schnelle Bewegung im Bild stoppen. Hinzu kommt, dass man für Action vorzugsweise lange Brennweiten einsetzt, die ihrerseits bei Aufnahmen aus der Hand kurze Verschlusszeiten erfordern, um Verwacklungsunschärfe zu neutralisieren.

Der Läufer symbolisiert das Action-Programm.

Wenn man davon ausgeht, dass bei den im Hobbybereich üblichen Teleobjektiven eine größte Öffnung 1:5,6 verbleibt, dann behält die Kamera diese bei, bis sie 1/750 s erreicht. Erst danach blendet sie mit zunehmend kürzeren Zeit weiter ab. Wer schon ein wenig hineingeschnuppert hat in die praktische Fotografie weiß, dass Blende 5,6 und eine kurze Verschlusszeit sehr gutes Licht erfordern, wenn nur die normale Filmempfindlichkeit ISO 100/21° zur Verfügung steht. Deshalb sollten Sie dieses Programm vorzugsweise mit Film von ISO 400/27° einsetzen, denn sonst macht Sie die blinkende Verschlusszeit unmissverständlich darauf aufmerksam, dass Sie im

Das Action-Programm ist auf längere Brennweiten und den Einsatz möglichst kurzer Verschlusszeiten zugeschnitten.

Was Sie bei Action-Aufnahmen beachten sollten:

◇ Setzen Sie – sofern es sich um mehr als eine zufällige Aufnahme handelt – nach Möglichkeit höherempfindlichen Film ein, z.B. mit ISO 400/27°.

◇ Beachten Sie eventuelles Blinken der Verschlusszeitenanzeige im Sucher, das vor Verwacklungsunschärfe warnt.

◇ Machen Sie sich gegebenenfalls den Umkehrpunkt von Bewegungen zu Nutze: An diesem führt bereits eine längere Verschlusszeit zu scharfer Abbildung.

Verwacklungsbereich liegen. Canons Empfehlung, dann ein Stativ zu benutzen, ist insofern fragwürdig, als sich ein Motiv-Knipsprogramm erstens nicht an Leute wendet, die mit einem Stativ auf der Schulter durch die Gegend ziehen, und Sie auch mit einem Stativ bestenfalls die Verwacklungsunschärfe ausschalten können – nicht jedoch die Bewegungsunschärfe im eventuell schnellbewegten Objekt!

Schalten Sie doch einmal interessehalber die einzelnen Motivprogramme bei mäßig starker Beleuchtung und längster Brennweite Ihres Standard-Zooms (und dessen größter Öffnung 1:5,6) durch. Wenn Sie den Ausschnitt streng gleich halten, werden Sie feststellen, dass sich in jedem der Programme dieselben Belichtungsdaten ergeben. So viel zum Thema „Eintopf".

Das eingebaute Blitzgerät ist in diesem Programm ausgeschaltet, denn es könnte nur Unfug stiften. Dafür bietet Ihnen die EOS 300V jedoch Reihenaufnahmen mit maximal 2,5 B/s bei anhaltendem Druck auf den Auslöser sowie automatische Schärfennachführung.

Das Nachtprogramm

Als letztes der Motivprogramme finden Sie auf dem Funktionswähler das sogenannte Nachtprogramm, zu dem es einiges zu sagen gibt, sollen keine Missverständnisse entstehen.

Wer auszieht, nächtliche Szenen zu fotografieren, sollte dieses Programm nicht bemühen, sondern vielmehr auf das Landschaftsprogramm schalten. (Sie merken schon, wie schwierig es ist, derartige Fertiggerichte namentlich festzulegen.)

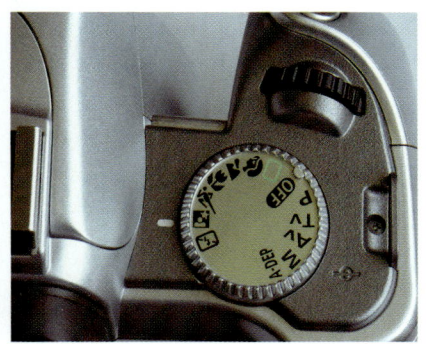

Das Nachtprogramm ist mit Blitz gekuppelt und dient zum Beispiel für Personenaufnahmen in der Dämmerung oder bei Nacht in Verbindung mit einer längeren Verschlusszeit, die auch den Bildhintergrund zur Geltung kommen lässt.

Das Nachtprogramm ist nämlich mit Blitz gekuppelt, der wiederum automatisch zugeschaltet wird. Das heißt, es muss ein naher Vordergrund vorhanden sein, und bei diesem wird es sich überwiegend um Personen handeln. Damit jedoch der „nächtliche" Hintergrund nicht als schwarzes Loch kommt, steuert die Kamera eine entsprechend lange Verschlusszeit ein. Der Verschluss bleibt somit eine gewisse Zeit nach der Blitzzündung geöffnet, und je nach der Allgemeinbeleuchtung im Vordergrund sollten sich die Personen nicht auffällig bewegen, damit keine Doppelkonturen entstehen. Eigentlich nennt man das in der Fotografie Langzeitsynchronisation, doch Canon hat sich offensichtlich bemüht, einen „populären" Begriff dafür zu finden, der jedoch – wie sich zeigt – gar nicht so eindeutig ist.

Von der Hintergrundhelligkeit hängt es ab, wie lange der Verschluss nach dem Blitz noch offen bleibt. Und das kann so lange sein, dass Sie die Kamera unbedingt auf eine feste Unterlage stellen müssen. Zum Glück wird die für den Hintergrund erforderliche Belichtungszeit – die im Extremfall bis zu 30 s betragen kann – im Sucher angezeigt, so dass Sie die Verwacklungsgefahr abschätzen können. Das Hauptobjekt – die Person – wird dabei von dieser Verwacklungsgefahr kaum berührt, solange die Allgemeinhelligkeit nicht relativ hoch ist. (Dann würden sich durch die Nachbelichtung Doppelkonturen ergeben.) Denn im Vordergrund sorgt zunächst der Blitz mit seiner extrem kurzen Leuchtzeit für eine

Für ausreichende Belichtung des Vordergrundobjekts sorgt im Nachtprogramm der Blitz. Der Hintergrund wird durch eine längere Verschlusszeit ausbelichtet. Bei entsprechend hoher Allgemeinbeleuchtung können bei bewegten Objekten Doppelkonturen entstehen.

Was Sie bei „Nachtaufnahmen" beachten sollten:

◇ Das Nachtprogramm der EOS 300V ist nur geeignet, wenn ein relativ nahes Objekt durch Blitz gegen einen schwächer beleuchteten Hintergrund dargestellt werden soll.

◇ Achten Sie auf die Verschlusszeitenanzeige im Sucher: Bei längeren Verschlusszeiten besteht bei entsprechend hoher Allgemeinhelligkeit die Gefahr von Doppelkonturen.

◇ Schalten Sie für Aufnahmen ohne anzublitzendes Vordergrundobjekt auf „Landschaft" – oder eine Funktion im Kreativbereich.

scharfe Abbildung. Betroffen ist hauptsächlich der Hintergrund, der jedoch sowieso im Unschärfenbereich liegen wird, weil die Kamera die größte Blende einsteuert. Und das gibt Ihnen mildernde Umstände: Ob der Hintergrund nun noch ein wenig unschärfer wird als von Haus aus, spielt meist keine so große Rolle, denn allein die stimmungsvolle Wiedergabe zählt. Zeigt die Kamera eine Verschlusszeit bis – sagen wir – 1/8 Sekunde an, können Sie bei mäßiger Vordergrundhelligkeit noch eine Aufnahme aus der Hand wagen. Darunter bleibt Ihnen nicht viel übrig, als sich nach einer festen Unterlage umzusehen

Gegebenenfalls können Sie dieses Programm auch mit Selbstauslöser kombinieren. Dann blinkt am Ende der Belichtung die Selbstauslöserlampe noch einmal kurz auf – man darf sich wieder bewegen. Statt des eingebauten kann auch ein externes Blitzgerät mit dem Nachtprogramm verwendet werden. Bei Tageslicht schließlich wird das Nachtprogramm zur normalen Vollautomatik.

Bei Blitzabschaltung arbeitet die Kamera mit Vollautomatik.

Die Blitzabschaltung

Eine für Canon neue Funktion ist die Blitzabschaltung, die sich als letzte Einstellung des Funktionswählers den Motivprogrammen anschließt. In dieser fotografieren Sie mit Vollautomatik, lediglich haben Sie die Gewissheit, dass Ihnen das eingebaute – oder ein externes – Blitzgerät nicht in den Weg kommen kann: Es bleibt ausgeschaltet. Nützlich kann diese „Stummschaltung" des Blitzgeräts

sein, wenn Sie sich ausschließlich auf das vorhandene Licht beschränken möchten, um eine reizvolle Stimmung einzufangen.
Dabei werden Sie sich natürlich bemühen, die Kamera bei der
Auslösung so weit wie möglich zu stabilisieren, um bei der vermutlich längeren Verschlusszeit keine Bewegungsunschärfe hin-
nehmen zu müssen. Alternativ kann sich der abgeschaltete Blitz
bewähren, wenn man Ihnen die kleine, zusätzliche Lichtspritze
partout nicht gönnt – in Museen zum Beispiel. Wobei nicht verschwiegen werden soll, dass dieses Blitzverbot durchaus seinen
Sinn hat, denn die intensive Bestrahlung könnte Kunstschätze auf
die Dauer in Mitleidenschaft ziehen.

Die meisten Hobbyfotografen gehen an Motiven wie diesem schlicht vorbei. Sie sehen nur „in Totalen". Dabei wirkt ein Blick auf relativ naheliegende Dinge weitaus stärker als eine Übersicht mit einer Vielzahl meist unzusammenhängender Details.

Überlegt fotografieren

Knipsen gut und schön, doch nach einer Weile wird in Ihnen sicher der Wunsch reifen, ein wenig mehr zu machen aus Ihren Bildern. Sie sind inzwischen recht vertraut mit der Kamera und fühlen sich stark genug, das Steuer selbst in die Hand zu nehmen. Erst so tun Sie Ihrer EOS 300V schließlich Ehre an.

Eine Vielfalt von Möglichkeiten tut sich im Kreativbereich auf, und dies bezieht sich nicht nur auf die Belichtungsfunktionen bis hin zur Schärfentiefeautomatik, sondern auf die Messfeldwahl ebenso wie auf Belichtungskorrektur oder -speicherung. Mit diesen Funktionen sind Sie für jede nur denkbare Aufgabe im Hobbybereich gerüstet. Selbst anspruchsvolle Amateure kommen voll auf ihre Kosten.

Nach Druck auf die Messfeldtaste rechts können in den Kreativprogrammen die AF-Messfelder auch einzeln mit dem Einstellrad vorgewählt werden.

Autofokus der Spitzenklasse

Eindrucksvoll ist die in der EOS 300V eingesetzte Autofokus-Technik. In *dieser* Preisklasse bietet die Kamera Außergewöhnliches sowohl an Schnelligkeit als auch an Genauigkeit.

Das zentrale Messfeld ist ein Kreuzsensor, der gleichermaßen gut auf horizontale und vertikale Strukturen anspricht. Bei den restlichen sechs Feldern handelt es sich um Zeilensensoren, wobei die linken und rechten vier senkrecht stehen, der obere und untere waagerecht. Der insgesamt von den Sensoren erfasste Bereich ist – wie ein Blick in den Sucher zeigt – enorm groß, so dass das Hauptobjekt mit ziemlicher Sicherheit in der Mehrzahl der Fälle erfasst wird. Damit wird insbesondere die Verfolgung bewegter Objekte erleichtert. Für die unbeschwerte Fotografie, das schnelle Schnappschießen, bieten die sieben Messfelder die besten Voraussetzungen. Während die EOS 300V im Automatikbetrieb so leicht zu bedienen ist wie eine Kompaktkamera, bietet sie durch ihr ausgefeiltes AF-System ungleich höhere Sicherheit, denn die sieben Messfelder vermeiden die zahlreichen Fehler, wie sie bei nicht so breiter Abdeckung des Formats auftreten können. Denken Sie allein an zwei nebeneinanderstehende Personen, bei denen ein einziges Messfeld im Querformat glatt hindurchschielt – und die Kamera stellt auf den Hintergrund scharf, die Personen werden unscharf abgebildet.

Im Display werden das oder die jeweils aktiven Messfelder angezeigt.

Die Autofokus-Funktionen

Deren drei kennt die EOS 300V, die sie automatisch je nach Belichtungsfunktion vorgibt:

◆ **Schärfenspeicherung (One-Shot AF)**
Hier wird die Schärfe gespeichert, sobald die Scharfeinstellung erfolgt ist. Im Sucher leuchtet der Schärfenindikator, wenn eingestellt ertönt ein Signalton zur Bestätigung. Die Schärfe bleibt gespeichert, solange der Auslöser angetippt gehalten wird. Die Belichtung wird zusammen mit der Schärfe gespeichert. Diese Funktion ist im Porträt-, Landschafts-, Nahaufnahme- und Nachtprogramm sowie in der Schärfentiefenautomatik wirksam.

◆ **AI Servo AF**
In dieser Funktion wird die Schärfe wird automatisch nachgeführt. Dabei muss das Hauptobjekt zunächst vom zentralen Messfeld eingefangen werden. Bricht es aus diesem aus, versucht die Kamera, ihm mit den anderen Messfeldern zu folgen. AI Servo AF wird im Action-Programm eingesetzt.

◆ **Automatische Umschaltung auf Schärfennachführung (AI Focus AF)**
Bei stationären Objekten wird auch in dieser Funktion die Schärfe auf das nächstliegende Detail, das sich mit einem der Messfelder deckt, gespeichert, so dass eine Ersatzmessung möglich ist. Schärfenindikator und Signalton funktionieren wie bei One-Shot AF. Erkennt die Kamera hingegen bei der Einstellung eine Objektbewegung, schaltet sie automatisch auf Schärfennachführung um. Die Belichtung wird bis zur Auslösung nachgeführt. Diese Funktion ist in Vollautomatik sowie im Kreativbereich (mit Ausnahme der Schärfentiefenautomatik) wirksam.

Im Kreativbereich – und allein von diesem soll fortan die Rede sein – haben Sie die Wahl zwischen Messfeld-Automatik, bei der die Kamera allein entscheidet, mit welchem der Messfelder (gegebenenfalls auch mehreren) sie scharfstellt, und der manuellen Messfeldwahl. Für die letztere genügt ein kurzer Druck auf die Messfeldtaste rechts oben an der Rückseite. Danach wählen Sie das gewünschte Messfeld mit dem Einstellrad aus. Zum Schluss tippen Sie den Auslöser an – die Anzeige kehrt zur Normalität zurück, und es erscheint nur noch das gewählte Einzelfeld.

Sie können immer wieder lesen, dass damit die gezielte Fokussierung auf außermittige Objekte möglich wäre. Doch machen wir uns nichts vor: Das wäre mit der Wurst nach dem Speck geworfen. Für die Praxis allein wichtig ist eigentlich der zentrale Kreuzsensor, der sich tatsächlich hervorragend für die hochgenaue Zielung auf ein Objekt an beliebiger Stelle im Bild eignet. Und das geht blitzschnell: Objekt mit diesem Messfeld anvisieren, Auslöser antippen (die Schärfe wird gespeichert) und mit angetipptem Auslöser auf

Eine kurze Brennweite wie die 28 mm des „Normal-Zooms" der EOS 300V eignet sich hervorragend für hautnahe Schnappschüsse. Bei Gegenlichtaufnahmen lassen sich Blendenreflexe oft nicht vermeiden. Dank der wirksamen Mehrschichtenvergütung treten sie heute jedoch meist kaum noch störend auf.

den endgültigen Ausschnitt schwenken. Der volle Druck führt dann zur Belichtung. „Ersatzmessung" nennt man das. Und damit kommen Sie fast immer zum Ziel. Für die überlegte Fotografie ist die gezielte Einstellung mit dem zentralen Messfeld bei mehr oder weniger statischen Motiven am besten geeignet. Automatische Messfeldwahl wird man sich im Kreativbereich für schnelles Schnappschießen und bewegte Objekte vorbehalten.

Beachtlich ist die Ausstattung der EOS 300V. Sie besitzt sogar einen Lagesensor, der dem Autofokus-System mitteilt, ob Sie nun im Querformat fotografieren oder im Hochformat. Und es ist faszinierend, welche Schlüsse die Kamera aus dieser Information zieht. So gelingt es tatsächlich, Fehlerquellen zu beseitigen, die bei einer größeren Zahl von breit gestreuten Messfeldern auftreten müssen, wenn keine automatische Korrektur erfolgt. Im Hochformat nämlich liegen die linken Sensoren unter Umständen auf dem nahen Vordergrund, der normalerweise die Schärfe auf sich ziehen würde. Das Hauptobjekt würde damit unscharf abgebildet. Die EOS 300V jedoch erkennt die Falle und reagiert in den meisten Fällen richtig.

Manuelle Fokussierung

Natürlich sind Sie mit der automatischen Scharfeinstellung nicht verheiratet. In Einzelfällen – zum Beispiel in der Nahfotografie – kann es wünschenswert sein, die Schärfe von Hand einzustellen.

Hierzu stellen Sie den kleinen Schieber am Objektiv auf MF und drehen den Entfernungsring des Objektivs, bis die gewünschte Ebene im Sucher scharf erscheint. Der Vorteil der manuellen Fokussierung ist es, dass Sie an wirklich jeder beliebigen Stelle im Motiv scharfstellen können. Bei Stativaufnahmen, zum Beispiel, kann dies von Vorteil sein, denn nach der Ausrichtung der Kamera muss eines der oder das gewünschte Messfeld nicht unbedingt auf jenem Detail liegen, das die Schärfenebene im Bild definieren soll.

Zur Umschaltung auf manuelle Fokussierung genügt es, den kleinen Schieber am Objektiv von AF auf MF zu stellen.

Wenn keine Ersatzmessung mit AF möglich ist, kann die manuelle Fokussierung auch in Grenzfällen einspringen, in denen Autofokus systembedingt Schwierigkeiten hat:

◆ **Bei kontrastarmen Objekten „sieht" das AF-System nichts, denn die Sensoren leben allein vom Bildvergleich. Bietet man ihnen keine Objektstrukturen an, können sie nichts vergleichen – Fehlanzeige. Wenn die Messfelder also auf dem blanken Himmel liegen, ist automatische Scharfeinstellung unmöglich. Peilen Sie ausgerechnet eine strukturlose Wand oder eine völlig einfarbige Fläche an, passiert Ihnen dasselbe. Im Bereich bis 4 m kann die Kamera zwar mit einigen kurzen Blitzen nachhelfen (AF-Hilfsilluminator), doch tut sie das nur bei ganz schwachem Licht. Zudem ist sie dazu in den Kreativprogrammen nur in der Lage, wenn Sie das Blitzgerät zuvor durch Druck auf die Blitztaste ausklappen. Also ist der Griff zur manuellen Fokussierung der kürzeste Weg zum Ziel.**

◆ **Eine stark reflektierende Fläche – glitzerndes Wasser oder Autolack, zum Beispiel – blendet das AF-System ebenso wie unser Auge. Hier kommen Sie meist mit einer Ersatzmessung aus.**

◆ **Verschiedene Entfernungsebenen im Messbereich müssen das System natürlich in die Irre führen. Fotografieren Sie zum Beispiel durch naheliegendes Blattwerk, das durch starke Unschärfe in bloße Tupfer aufgelöst wird und der Aufnahme einen atmosphärischen Hauch verleiht, dann wird die EOS natürlich auf diesen Vordergrund scharfstellen. Hier kann auch die Ersatzmessung mit dem zentralen Messfeld Schwierigkeiten bereiten.**

Oder denken Sie an ein Tier hinter einem engmaschigen Gitter. Natürlich wird die Kamera auf das näherliegende Gitter scharfstellen, und das Tier wird unscharf, wenn es nicht zufällig noch im Bereich der Schärfentiefe liegt. Auch hier ist manuelle Fokussierung das Mittel der Wahl.

Lohnt es sich wirklich, ein ganzes Blumenbeet zu fotografieren?

Erst die Nahaufnahme bringt die ganze Schönheit der Nelken zur Geltung. Und hierfür schalten Sie Autofokus ab, stellen eine für den gewünschten Ausschnitt geeignete Entfernung ein und fokussieren dann durch leichtes Vor- und Zurückgehen mit der Kamera.

Belichtungsmessung à la carte

Ihre EOS 300V hat den Belichtungsmesser „im Bauch" – der Fachmann spricht von TTL- oder Innenmessung. Dabei hat sich Canon auch in dieser Beziehung mächtig angestrengt und der Kamera ein sehr aufwendiges Messsystem mitgegeben. In 35 Sektoren ist das Messelement aufgeteilt, mit denen die Kamera eine Fülle von Informationen über die Verteilung von Helligkeit und Kontrast im Motiv ermittelt.

Vor einem Blick auf die in der EOS 300V verfügbaren drei Messarten sollten Sie sich wenigstens in großen Zügen das Prinzi-

pielle der Belichtungsmessung klarmachen, um die Hintergründe zu verstehen, auf denen alles weitere aufbaut.

Belichtungsmesser werden generell auf „18% Neutralgrau" geeicht. Im Klartext heißt das: Alles, was Sie der Kamera vorsetzen, wertet diese als 18%ige Reflexion des Lichts von einer neutralgrauen Fläche. Schließlich braucht sie einen Anhaltspunkt, von dem aus sie das Maß der für die Empfindlichkeit des verwendeten Films erforderlichen Belichtung ermitteln kann. Sie merken schon, wo das in der Praxis hinführt: Setzen Sie der Kamera eine gleißende Schneefläche vor, schlägt sie die Hände überm Kopf zusammen ob dieser unglaublichen Lichtfülle. Folgerichtig gibt sie Ihnen eine kurze Belichtung, damit der Film nicht „verbrennt". Und was passiert? Der viel zu kurz belichtete Schnee kommt katergrau – eben wie 18% Neutralgrau!

Fotografieren Sie umgekehrt zwei Neger im Kohlenkeller, ist die Kamera entsetzt, wie wenig Licht es da gibt. Und wiederum folgerichtig stellt sie eine sehr lange Belichtung ein, damit auch ja genug Licht auf den Film kommt. Und so werden die zu stark belichteten Neger eben nicht schwarz, sondern gleichermaßen katergrau. Das ist der Durchschnitt, der sich aus dem unumgänglichen Referenzwert ergibt. Und nur wenn Sie um diese Dinge wis-

Mehrfeldmessung ist die normale Messcharakteristik der EOS 300V, und sie meistert alle normalen Aufnahmesituationen hervorragend.

Mit seitlichem Gegenlicht wie in dieser Aufnahme wird die EOS 300V spielend fertig.

sen, können Sie bestimmte Funktionen sinnvoll nutzen. Erst dann erhalten zwei der drei in der EOS 300V verfügbaren Messarten praktische Bedeutung.

Die Mehrfeldmessung

Dies ist die Haupt-Messcharakteristik der EOS 300V, die in allen Belichtungsfunktionen außer M aktiv ist. Und das aus gutem Grund. Im Bestreben, die Belichtungsautomatik weniger „stur" zu machen und Extreme wie die oben geschilderten auszuschließen oder zumindest deutlich zu mildern, haben die Hersteller immer raffiniertere Messverfahren entwickelt. In der EOS 300V gipfeln diese Bemühungen in einem in 35 Sektoren unterteilten Mess-Sensor. Die starke Unterteilung ermöglicht der Kamera eine sehr genaue Beurteilung der Helligkeitsverteilung im Motiv. So kann sie zum Beispiel erkennen, dass sie es mit einer Gegenlichtsituation zu tun hat, dass der Motivkontrast extrem hoch ist oder dass sich eine oder mehrere starke Lichtquellen im Bild befinden. Und dann kann sie auf ein spezielles „Gedächtnis" zurückgreifen, in dem man ihr ein gerüttelt' Maß an fotografischer Erfahrung mitgegeben hat. Ebenso, wie der erfahrene Fotograf gegebenenfalls auf Grund seiner Kenntnis des beschriebenen Messprinzips Belichtungskorrekturen anbringen wird, führt die Kamera blitzschnell Feinkorrekturen ein. Die Automatik wird flexibel und damit erst für unbeschwertes Fotografieren richtig brauchbar.

Doch damit nicht genug. In der EOS 300V verknüpft Canon zudem die sieben AF-Messfelder mit der Belichtungsmessung, ausgehend von der Überlegung, dass sich das Hauptobjekt vermutlich an jener Stelle befinden wird, auf welche die Scharfeinstellung erfolgt. Dann werden die Messsektoren um dieses oder diese AF-Messfelder stärker gewichtet als die übrigen. Und so erfolgt eine zusätzliche Feinkorrektur, die sich insbesondere hervorragend für Schnappschüsse eignet.

Die Belichtung wird in One-Shot AF beim Antippen des Auslösers zusam-

Gegenlicht ist ein fotografischer Leckerbissen, denn es schafft reizvolle Stimmungen.

men mit der Schärfe gespeichert, denn sonst ergäbe die Verknüpfung mit dem jeweils aktiven AF-Messfeld keinen Sinn. Bei einer Ersatzmessung kann sich dadurch eventuell eine weniger als optimale Belichtung ergeben, wenn die Helligkeitsverteilung im endgültigen Ausschnitt sehr unterschiedlich ist. Der geübte Fotograf wird eine solche Situation erkennen und eine der anderen beiden Messarten verwenden.

Bei allen normalen Aufnahmen schlägt sich die Mehrfeldmessung der EOS 300V mit Bravour. Beeindruckend ist insbesondere ihre souveräne Beherrschung von Gegenlicht. Von der Möglichkeit einer Belichtungskorrektur sollten Sie bei Mehrfeldmessung keinen Gebrauch machen, denn die Belichtung wird ja bereits automatisch von der Kamera korrigiert. Die Größe dieser Korrektur bleibt uns allerdings verborgen, so dass eine zusätzliche, manuelle Korrektur der Grundlage entbehrt.

Die Selektivmessung

Dieses Messverfahren gestattet die Abstimmung der Belichtung auf einen etwa 9,5% des Formats großen Kreis in Suchermitte, der eine recht genaue Zielung auf den für die Belichtung maßgeblichen Teil des Motivs erlaubt. Damit haben Sie die Belichtung voll in der Hand und können – in Kenntnis der Arbeitsweise eines Belichtungsmessers – gezielt Einfluss nehmen.

Sinnvoll wird Selektivmessung jedoch erst mit der Messwertspeicherung, denn wenn Sie bei schwierigen Kontrastverhältnissen steuernd eingreifen, wird sich die angepeilte Motivpartie normalerweise nicht mit dem endgültigen Ausschnitt decken. Also muss das Messergebnis „festgehalten" werden, bis Sie schließlich die Belichtung einleiten. Sehr folgerichtig hat Canon deshalb diese Messcharakteristik mit der Belichtungsspeicherung verknüpft. Beim Druck auf die Speichertaste * schaltet die Kamera auf Selektivmessung.

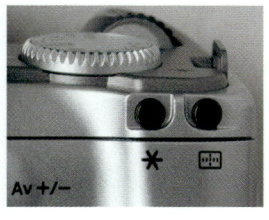

Beim Druck auf die Speichertaste schaltet die EOS 300V automatisch auf Selektivmessung, denn fast ausschließlich wird man die Belichtung auf ein Motivdetail abstimmen, das nicht genau in der Bildmitte liegt, um erst dann auf den endgültigen Ausschnitt zu schwenken.

Sie werden nach einiger Zeit des Fotografierens mit der EOS 300V ein Gefühl dafür entwickeln, wie sich die Universal-Messcharakteristik – die Mehrfeldmessung – bei den verschiedensten Lichtverhältnissen verhält. Und so werden die naturgemäß gegebenen Grenzen des Verfahrens allmählich abgesteckt. Erkennen Sie dann eine Situation, in der die Mehrfeldmessung der Erfahrung nach überfordert sein muss, werden Sie durch Messwertspeicherung auf Selektivmessung schalten. Dies könnte bei extremem Gegenlicht der Fall sein oder wenn Sie bei sehr hohem Motivkontrast etwas stärker auf die Lichter oder die Schatten belichten möchten. Denn auch der Film und das Papier stoßen an Grenzen, wenn es um die Verarbeitung von Kontrasten geht. So kommt der Punkt, an dem eine rein vermittelnde Belichtung nicht mehr befriedigen kann, weil die Lichter ausgefressen kommen, wie man in der Fotografie sagt, und die Schatten „absaufen". Dann hilft nur die klare Entscheidung für das eine oder das andere.

Es versteht sich, dass Selektivmessung nur für ruhende Motive in Frage kommt. Mit anderen Worten, Sie haben etwas mehr Zeit und können sich den Luxus leisten, zunächst eine Aufnahme mit Mehrfeldmessung zu machen, danach vielleicht eine zweite mit Selektivmessung. Bis Sie genügend Erfahrung gesammelt haben, werden Ihnen die Ergebnisse das beste Anschauungsmaterial liefern, das Sie sich nur wünschen können.

Überlegt vorgehen müssen Sie natürlich bei der Auswahl der anzumessenden Stelle. Und hier setzt das Wissen um die Funktionsweise der Belichtungsmessung ein: Messen Sie eine dunklere als "neutralgraue" Stelle an, ergibt sich eine etwas längere Belichtung, ein helleres Bild. Umgekehrt erhalten Sie eine entsprechend kürzere Belichtung, je weiter die angemessene Stelle von Neutralgrau nach Hell abweicht.

Die mittenbetonte Messung

Dies ist das Messverfahren, nach dem Kameras mit Belichtungsautomatik viele Jahre lang arbeiteten, bevor die verfeinerte Mehrfeldmessung auf den Plan trat. Es war die zweite Stufe der Innenmessung überhaupt: Anfänglich maß man nur die durchschnittliche Helligkeit

übers gesamte Format. Dabei erfasste man sehr viel unverhältnismäßig helles Himmelslicht, was zu einer Unterbelichtung führte.

Bei der mittenbetonten Messung konzentriert sich die Messempfindlichkeit auf den zentralen Teil des Sucherfeldes und fällt zu den Bildrändern ab. Dadurch sind die genannten Störeffekte ausgeschaltet, doch die grundsätzliche Reaktion des Belichtungsmessers hat nach wie vor Gültigkeit: Eine mittenbetonte Messung führt nur bei gleichmäßiger Helligkeitsverteilung und durchschnittlicher Helligkeit – entsprechend der Eichung des Belichtungsmessers – zum Ziel. Folglich muss das Ergebnis bei abweichenden Verhältnissen entsprechend variiert werden, wenn optimale Belichtung angestrebt wird.

Wieder ist es nur folgerichtig, dass Canon diese Messcharakteristik der manuellen Belichtungseinstellung vorbehalten hat, bei

Bei großen glitzernden Schneeflächen wird die Mehrfeldmessung zu einer knapperen Belichtung tendieren – der Schnee vergraut. Mit Selektivmessung und Messwertspeicherung ist es ein Leichtes, ein für die Belichtung besser geeignetes Detail anzumessen und somit der Belichtung zu Grunde zu legen.

Für Silhouetten wie diese ist die Mehrfeldmessung weniger geeignet, denn sie würde versuchen, das Bild aufzuhellen. Mit mittenbetonter Messung jedoch ergibt sich wie von selbst die gewünschte Unterbelichtung.

der eine erforderliche Korrektur ganz bequem mit der Blende oder der Verschlusszeit angebracht werden kann. Ein Beispiel aus der Praxis mag die Anwendungsmöglichkeiten der mittenbetonten Messung erläutern. Wenn ich für meine Bücher Kameradetails fotografiere, befindet sich die Kamera an einem Reprogestell. Sie steht auf M. Zur Erzielung möglichst großer Schärfentiefe stelle ich eine kleine Blende ein – meist 11 bis 16. Und dann messe ich die Belichtung mittenbetont mit einer direkt über das Objekt gehaltenen Kodak Graukarte, wie sie im Zubehörhandel erhältlich ist. Diese entspricht auf ihrer grauen Seite exakt jenen 18% Neutralgrau, auf die Belichtungsmesssysteme geeicht sind. Fotografiere ich nun eine rabenschwarze Kamera, so muss ich (bei Diafilm) eine halbe Verschlusszeitenstufe zugeben, denn diese ist wesentlich dunkler als die Graukarte. Ohne Korrektur würde sich eine Unterbelichtung ergeben. Die Auslösung schließlich erfolgt zur Vermeidung von Verwacklungsunschärfe bei der sich ergebenden, recht langen Belichtung mit einem Auslösekabel.

Belichtungsfunktionen im Kreativbereich

Die im oberen Bereich des Funktionswählers zusammengefassten Belichtungsfunktionen machen die EOS 300V zu einer vollwertigen Spiegelreflexkamera. Sie umfassen alle auch in weitaus teureren Kameras – bis hin zu den Spitzenmodellen – verwendeten Formen der Belichtungsregelung, gehen mit der Schärfentiefenautomatik A-DEP sogar noch über den üblichen Rahmen hinaus. Damit stellt die EOS 300V auch den anspruchsvollen Hobbyfotografen leicht zufrieden.

Mit Ausnahme der Schärfentiefenautomatik ist sowohl Messfeld-Automatik als auch die Wahl einzelner AF-Messfelder möglich. Die Einstellung zum Beispiel des zentralen Messfelds bleibt auch bei Ausschaltung der Kamera erhalten. Sie wird jedoch gelöscht, sobald der Funktionswähler auf ein Automatikprogramm gedreht wird. Dies empfiehlt sich gegebenenfalls als abgekürztes Verfahren, wenn Sie auf Messfeld-Automatik zurückschalten möchten.

Bei bewegten Objekten schaltet die Kamera automatisch auf Schärfennachführung (A-DEP wiederum ausgenommen). In allen Funktionen des Kreativbereichs kann die Kamera mit Hilfe der Drucktaste auf der linken Oberseite auf Reihenaufnahmen mit max. 2,5 B/s geschaltet werden. Das Blitzgerät wird gezielt durch Druck auf die Blitztaste ausgeklappt und ist damit in jeder beliebigen Situation einsetzbar. Eine Verwacklungswarnung durch Blinken der Verschlusszeit gibt es in den entsprechenden Kreativfunktionen leider nicht.

Programmautomatik (P)

Dies ist eine „aufgewertete" Form der Vollautomatik, die sich lediglich in den Möglichkeiten der Einflussnahme unterscheidet. Der nebenstehende Kasten gibt einen Überblick über die Vielfalt der in Programmautomatik gebotenen Einflussmöglichkeiten.
Die Programmkurve – das heißt, wie die Kamera Verschlusszeit und Blende bei unterschiedlicher Helligkeit mischt – ist dieselbe wie bei Vollautomatik.

Zur Einschaltung der Programmautomatik drehen Sie den Funktionswähler auf P. Das Zeit-Blenden-Paar wird im Sucher und in der LCD angezeigt. Beim Blinken der längsten im Rahmen des Messbereichs einsetzbaren Verschlusszeit und der größten Blen-

---

In Programmautomatik verfügbare Zusatzfunktionen

◆ **Programmverschiebung**
◆ **Manuelle Messfeldwahl**
◆ **Gezielter Einsatz des Blitzgeräts**
◆ **Reihenaufnahmen**
◆ **Belichtungskorrektur**
◆ **Belichtungsreihen**
◆ **Selektivmessung mit Messwertspeicherung**
◆ **Kurzzeitsynchronisation mit einem EX-Blitzgerät**
◆ **FE-Blitzspeicherung mit einem EX-Blitzgerät**
◆ **FP-Kurzzeitsynchronisation mit einem EX-Blitzgerät**

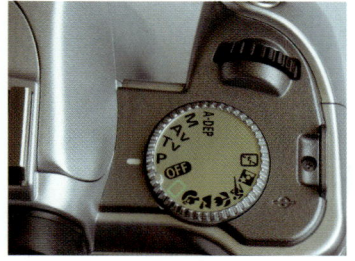

Programmautomatik ist im Prinzip mit der Vollautomatik identisch, gestattet jedoch all die Einflussnahme, wie sie in den Kreativprogrammen möglich ist.

de des Objektivs ist das Licht für eine Aufnahme zu schwach. Blinken die kürzeste Verschlusszeit (2000) und kleinste Blende des Objektivs, ist das Licht zu hell.

Eine Drehung des Einstellrads bewirkt eine gegenläufige Verschiebung der beiden Einstellkomponenten. So haben Sie es in der Hand, die von der Kamera eingesteuerten Werte entweder in Richtung kürzerer Zeiten und größerer Konturenschärfe (bei größerer Blende und geringerer Schärfentiefe) oder in Richtung längerer Zeiten und größerer Schärfentiefe (bei kleinerer Blende) zu verschieben. Eine Linksdrehung des Einstellrads führt zur Einstellung kleinerer Blenden, eine Rechtsdrehung zur Einstellung kürzerer Zeiten. Wenn Sie natürlich bereits bei der größten Blende des eingesetzten Objektivs angelangt sind, rührt sich bei einer Rechtsdrehung nichts mehr, denn pendeln können Sie logischerweise nur im verfügbaren Bereich. Die Verschiebung wird mit dem automatischen Abschalten des Messsystems gelöscht, wenn Sie nicht den Auslöser angetippt halten oder ein anderes Bedienungselement betätigen.

Es lohnt sich stets, ein Motiv aus verschiedener Sicht zu betrachten. So lässt sich vorzüglich mit dem Ausschnitt spielen, die Aussage immer mehr verdichten. Diese „Motivübungen" eignen sich gut, Ihren Blick für die Bildgestaltung zu schärfen.

Diese sogenannte Programmverschiebung soll die Starrheit der Programmautomatik durchbrechen und ihren im Sinne der Bildgestaltung gezielten Einsatz ermöglichen. Aus der Sicht des Praktikers jedoch wird der bewusst vorgehende Fotograf dann lieber auf eine der halbautomatischen Funktionen schalten, bei denen er Zeit und Blende von vornherein fest in der Hand hat, ohne auf die Annehmlichkeiten der automatischen Belichtungsregelung – und ihre Schnelligkeit – verzichten zu müssen.

Der technisch noch weniger versierte Hobbyfotograf hingegen wird nach einiger Zeit sicher gern den Weg von der Vollautomatik zur Programmautomatik gehen, die ihm ohne Änderung des ihm bisher vertrauten Aufnahmevorgangs wesentlich mehr Möglichkeiten bietet, wie beispielsweise den ganz gezielten Einsatz des Blitzgeräts.

Blendenautomatik (Tv)

Bei dieser Funktion wählen Sie die Verschlusszeit im Bereich von 30 s bis 1/2000 s vor. Die Kamera steuert eine nach Filmempfindlichkeit und Helligkeitsverhältnissen dazu passende Blende ein. Damit legen Sie die Konturenschärfe – sowohl bewegter Objekte als auch im Sinne der Kamerabewegung bei der Auslösung – von vornherein fest. Und das ist wichtig, wenn Sie Bewegung entweder im Bild „einfrieren" oder durch fein dosierte Unschärfe andeuten möchten. Gleichermaßen wichtig ist die Verschlusszeit für alle Motive, in denen Wasser eine Rolle spielt: Kurz belichtet, wird es als eingefrorene Einzeltropfen dargestellt – wie wir sie wegen der Trägheit unseres Gesichtsinnes in der Realität nie wahrnehmen. Deshalb kann gerade bei Wasser eine längere oder gar sehr lange Verschlusszeit – die sich dann nur noch vom Stativ verwirklichen lässt – sehr wünschenswert sein, um das „Fließen" darzustellen. Ein Fluss oder Bach, zum Beispiel, wird bei betont langer Verschlusszeit zur verwaschenen, weißen Masse, die einen verträumt-romantischen Eindruck hinterlässt.

„Tv" leiten die Japaner von „time value" ab, wobei sie an Verschlusszeitenvorwahl denken. Canon verwendet die Abkürzung für die Blendenautomatik.

Sehr gut im Auge behalten müssen Sie allerdings die Anzeige der Blende im Sucher. Denn sobald die Kamera an die Lichtstärkengrenze des Objektivs stößt und die Blende nicht weiter öffnen kann, wird sie durch Blinken der größten Öffnung vor Unterbelichtung warnen. Und dann müssen Sie die Verschlusszeit zurücknehmen, bis das Blinken aufhört. Das jedoch ist bei Freihandaufnahmen nur bis zur Verwacklungsgrenze möglich. Umgekehrt warnt das Blinken der kleinsten verfügbaren Blende vor Überbelichtung, und Sie müssen die Verschlusszeit entsprechend verkürzen.

Bei kurzer Brennweite erlangt ein möglichst naher Vordergrund besondere Bedeutung. Auch diese Aufnahme entstand mit 28 mm Brennweite.

Nach der häufig vertretenen Schulmeinung ist die Blendenautomatik ideal für Action-Fotos, zum Beispiel beim Sport. Für Sie bedeutet Action jedoch ebenso das Herumtollen der Kinder oder eines vierbeinigen Freundes. Dass diese Verallgemeinerung nur bedingt richtig ist, wird sich gleich bei der Zeitautomatik zeigen.

Zeitautomatik (Av)

„Av" leitet Canon von „aperture value" ab, womit die Blendenvorwahl gemeint ist. Somit steht die Abkürzung für Zeitautomatik.

Lassen Sie uns zunächst bei der Schulmeinung bleiben. Danach nämlich dient die Zeitautomatik zur Steuerung der Schärfentiefe, denn hier wählen Sie die Blende in halben Stufen vor, und die Kamera steuert automatisch und stufenlos eine geeignete Verschlusszeit ein. Das ist richtig, doch wiederum nur zum Teil. Natürlich bestimmt die Blende die Schärfentiefe. Doch die Zeitautomatik hat noch weit mehr gute Seiten. Sie ist nämlich die vielseitigste Belichtungs(halb)automatik überhaupt. Ihr ist es ganz gleich, was Sie ihr vorsetzen – und wenn es ein alter Glasscherben ist. Sie wird getreulich ihre Arbeit tun und Ihnen im Verhältnis zum einfallenden Licht eine brauchbare Belichtung liefern.

79

Auch bei Zeitautomatik haben Sie die Verschlusszeit letztlich stets in der Hand. Jede Änderung der Blendeneinstellung veranlasst die Kamera, die Zeit sofort entsprechend zu korrigieren – es muss ja das zuträgliche Maß gewahrt bleiben. Also führt Ihnen eine Drehung des Einstellrads plastisch vor Augen, welche Verschlusszeit sich zu einer gewünschten Blende ergibt. Sie merken schon, in dieser Beziehung besteht eigentlich gar kein Unterschied zur Blendenautomatik, bei der eine Drehung des Einstellrads zu einer ebensolchen „Schieberei" führt, lediglich ausgehend von der Verschluss-

zeit. In Bezug auf Schnelligkeit nehmen sich die beiden Verfahren folglich nichts.

Wichtig ist nur, welche der beiden Komponenten pendelt. Moderne Zoomobjektive – weitgehend Grundausstattung der EOS 300V – sind nicht gerade mit überragend hoher Lichtstärke gesegnet, denn sie sollen kompakt sein und einen möglichst großen Brennweitenbereich überstreichen. Das jedoch geht nur mit Abstrichen von der Lichtstärke. Bleibt Ihnen dann noch – sagen wir – Blende 5,6 als größte Öffnung, werden Sie alles tun, um von dieser nicht noch Teile zu verschenken. Das müssen Sie in Blendenautomatik jedoch, denn Sie können die Verschlusszeit nicht so knapp vorgeben, dass der Blende kein Raum mehr zum Pendeln bleibt. Sonst überrascht Sie ständig das Blinken der größten Blende, und Sie müssen die Zeit wieder zurücknehmen. Mit anderen Worten, Sie können gar nicht anders als Lichtstärke verschenken.

In Zeitautomatik haben Sie's leichter. Stellen Sie einfach die größte Öffnung ein, und lassen Sie die Kamera ihre Arbeit tun. Sie wird Ihnen stufenlos und damit unter optimaler Nutzung aller Möglichkeiten eine geeignete Verschlusszeit dazu anbieten.

So ist die Zeitautomatik der Blendenautomatik an Vielseitigkeit und stets dann überlegen, wenn es nicht ausgesprochen hektisch zugeht oder schnelle Bewegungen mit einer bestimmten Verschlusszeit auf Film gebannt werden müssen (in der Annahme, dass hierfür genügend Licht vorhanden ist, damit die Blende entspre-

Bei starken Tele-Aufnahmen – zum Beispiel im Zoo – ist Zeitautomatik von Vorteil, denn sie gestattet die volle Ausnutzung der Lichtstärke des Objektivs, zu dem die Kamera stufenlos eine geeignete Verschlusszeit einsteuert.

Die Blendeneinstellung erfolgt in M unter Druck auf die Av-Taste mit dem Einstellrad.

Mit einem grauen Verlauffilter lassen sich interessante Stimmungen erzeugen. Handeinstellung der Belichtung und die recht genau einschätzbare mittenbetonte Messung werden dabei zur Voraussetzung.

chend pendeln kann). Im normalen Foto-Alltag hat Zeitautomatik eindeutig die Nase vorn. Dass Sie darauf achten werden, die Verwacklungsgrenze nicht zu unterschreiten, versteht sich von selbst.

Manuelle Belichtungseinstellung (M)

Auch bei manueller Einstellung von Blende und Verschlusszeit brauchen Sie auf die Innenmessung in der EOS 300V nicht zu verzichten. Die Kamera schaltet dabei automatisch auf mittenbetonte Messung, und das ist wiederum praxisnah.

Zur Einstellung der Verschlusszeit dient in gewohnter Weise das Einstellrad. Damit auch die Blende getrennt einstellbar wird, müssen Sie zusätzlich die mit „Av" beschriftete Taste neben der LCD drücken. Sowohl im Sucher als auch in der LCD zeigt Ihnen die Kamera anschaulich im Bereich von ±2 Belichtungsstufen, wo Sie sich mit der Einstellung befinden. Mit der Verschlusszeit und/oder der Blende bugsieren Sie den Pfeil unter den Null-Index der Skala. Damit wäre die Belichtung so abgestimmt, wie sich die Kamera das vorstellt. In Kenntnis der Reaktion des Messsystems bei mittenbetonter Messung werden Sie nun gegebenenfalls von dieser Einstellung abweichen, um präzise definiert gegenzusteuern oder einen gewünschten Effekt zu erzielen. Der linke Teil der Skala ergibt eine schwächere Belichtung, der rechte eine kräftigere.

Langzeitbelichtungen (bulb)

In Einstellung M der Wählscheibe wird am unteren Ende des Verschlusszeitenbereichs eine zusätzliche Funktion zugänglich. In der LCD und im Sucher erscheint „bulb"; im Deutschen sprechen wir von der B-Einstellung. In dieser öffnet sich der Verschluss beim Druck auf den Auslöser und schließt sich erst wieder, wenn Sie den Auslöser freigeben. Damit sind theoretisch beliebig lange Belichtungen möglich. Theoretisch insofern, als die Kamera bei geöffnetem Verschluss ständig am Tropf der Batterie hängt und diese dem Treiben irgendwann ein Ende bereitet. Mit frischen Batterien ist dies bei Zimmertemperatur nach etwa 4 Stunden der Fall. Doch so lange wollen Sie den Finger ja sowieso nicht auf dem Auslöser lassen...

Dass die Kamera für Langzeitbelichtungen auf einem stabilen Stativ stehen muss, leuchtet sicher ein. Zur Auslösung sollten Sie möglichst ein Auslösekabel wie das RS-60E3 verwenden. Um dieses anzuschließen, müssen Sie einen LowTech-Stöpsel mühsam aus der Buchse an der linken Kameraseite herausfingern – um ihn wahrscheinlich gleich darauf in irgend einer Ritze verschwinden zu sehen. Es ist geradezu erschütternd, wie arm und einfallslos die Kamerahersteller allesamt in diesem Punkt auch heute noch sind. 35 Messfelder? Kein Problem. Sieben AF-Felder? Kein Kunststück. Ein Plastik-Stöpsel? Hmm – das müssen wir unserer Forschungsabteilung übergeben... Brechen Sie sich also ruhig weiter den Fingernagel ab. Für Lappalien sind wir nicht zuständig.

Nachdem der Zorn hierüber verraucht ist, wählen Sie die Arbeitsblende wie in M üblich durch Druck auf die Av-Taste und Dre-

Lange Belichtungszeiten lassen die Fotografie bis weit hinein in die Welt des Zwielichts vorstoßen.

hen des Einstellrades. Und dann kann es losgehen. Sie können schwach beleuchtete Nachtszenen ebenso festhalten wie vielleicht ein Feuerwerk. Haben Sie das schon mal versucht? Sie glauben gar nicht, wie einfach das ist: Kamera auf ein Stativ stellen, eine relativ kurze Brennweite wählen, damit die Garben auch draufkommen, AF abschalten und von Hand auf unendlich einstellen. Unter M schalten Sie auf „bulb". Für die Blende gibt es eine ganz einfache Regel: Film mit ISO 100/21° verlangt nach Blende 11. Zu klein, meinen Sie? Mitnichten – schließlich fotografieren Sie blankes Licht, und wenn Sie das nicht drosseln, bleicht es auf dem Film restlos aus. Dann ist die Farbe dahin, und gewonnen haben Sie gar nichts. Wer also meint, ein Feuerwerk verlange nach hochempfindlichem Film, ist auf dem Holzweg.

Wenn's dann losgeht, drücken Sie auf den Auslöser und halten den Verschluss geöffnet (nicht zu knapp!), bis genügend Garben durchs Bild gezogen sind. Dieser Zeitraum ist natürlich sehr variabel und orientiert sich allein an den örtlichen Gegebenheiten. Wenn Sie glauben, es reicht, geben Sie den Auslöser frei und machen die Klappe wieder dicht. Wiederholen Sie das Spiel unbedingt einige Male, denn der Effekt ist nur schwer abschätzbar.

Ein Feuerwerk fotografiert sich selbst. Am wichtigsten ist eigentlich die überlegte Wahl des Kamerastandorts, denn ohne einen im Bild wirksamen Vordergrund würde nur die Großaufnahme der Garben zu ansprechenden Aufnahmen führen.

Enorm wichtig für Ihre Feuerwerksaufnahmen ist ein geeigneter Vordergrund. Wenn Sie etwas „Vordergründiges" finden können, das angestrahlt ist, haben Sie Glück. Bemühen Sie sich auf jeden Fall, irgend etwas „Irdisches" in die Bilder einzubeziehen, denn Leuchtgarben allein sind nur die halbe Miete. Glitzerndes Wasser kann eventuell einen buntschillernden Vordergrund beisteuern, doch dazu müssen Sie natürlich ein geeignetes Plätzchen finden, nach dem Sie sich tunlichst beizeiten umsehen sollten.

Wenn Sie Nachtszenen fotografieren, sollten Sie gegenüber der gemessenen Belichtung zugeben. Bei längeren Belichtungszeiten wird der Film nämlich träge in seiner Reaktion, und plötzlich ist „ein Liter Licht" nur noch ein halber. Machen Sie deshalb lieber eine Belichtungsreihe, ausgehend von der Messung und kräftig nach Plus verschoben.

Schätzen Sie sich glücklich, wenn vor Ihren Nachtaufnahmen zufällig ein kräftiger Regenguss niederging! Er schenkt Ihnen bildwirksamen Vordergrund, wo zuvor keiner war. Eine nasse Straße, zum Beispiel, reflektiert das Licht der Lichtquellen rings umher und rundet die Aufnahme somit ungemein wirkungsvoll ab.

Da gerade von Nachtaufnahmen die Rede war, ein Tipp, der allerdings allgemeiner Natur ist und weniger Stativaufnahmen mit Handeinstellung betrifft, sondern jene schnell-erhaschten Vignetten von bunten Lichtern auf Jahrmärkten – oder in Las Vegas: Machen Sie Ihre Nachtaufnahmen grundsätzlich in der *Dämmerung*! Dann trägt die Resthelligkeit im Himmel dazu bei, das Motiv nicht in ein schwarzes Loch fallen zu lassen. Umrisse werden noch klar herausgearbeitet, das Motiv bleibt als Ganzes erhalten. Später, wenn ringsum alles schwarz ist, wirken nur noch künstliche Lichtquellen, und die müssen schon sehr stark sein, um das Motiv einigermaßen herauszuarbeiten. Die Umrisse jedoch bleiben fast ausnahmslos verborgen.

Nun ist die Dämmerungsphase relativ kurz. Deshalb heißt es, ein wenig vorauszuplanen und schnell zu handeln. Der Film hinkt übrigens jeweils eine Stufe hinterher: Dämmerungsaufnahmen erhalten den Charakter von Nachtaufnahmen, Nachtaufnahmen werden zu echten Kunstlicht-Attraktionen – weshalb sie nur Sinn haben, wenn wirklich reichlich Kunstlicht vorhanden ist. Hüten Sie sich vor jenen „Stadtansichten", die nichts zeigen als eine Anhäufung von Lichtpunkten. Es könnten ebensogut Glühwürmchen sein.

Stürzende Linien müssen nicht unbedingt befremdlich wirken. Dabei lässt sich die Wirkung durch Veränderung der Brennweite, gegebenenfalls in Verbindung mit einem Standortwechsel, so beeinflussen, dass ein völlig natürlich wirkender Blick nach oben entsteht.

Schärfentiefenautomatik (A-DEP)

Nun bekommen Sie die Schärfentiefe sogar automatisch. Und das geht so: Sie drehen den Funktionswähler auf A-DEP und peilen das Motiv an. Dabei müssen die beiden Grenzen der gewünschten Schärfentiefe – der Nahpunkt und der Fernpunkt – von zumindest je einem der Messfelder abgedeckt werden. Achten Sie darauf, dass Sie zum Beispiel dem unteren Messfeld nicht gerade horizontale Motivstrukturen anbieten, mit denen es auf Grund des Sensortyps – horizontaler Zeilensensor – nichts anfangen kann.

A-DEP ist das geheimnisvolle Kürzel für die verbesserte Form der Canon Schärfentiefeautomatik, bei der mindestens zwei der AF-Messfelder auf dem Nah- und Fernpunkt liegen müssen.

Beim Antippen des Auslösers ermittelt die Kamera die erforderliche Belichtung, und zwar auf Grund jener Arbeitsblende, die zur Erzielung der gewünschten Schärfentiefe erforderlich ist. Ob das geklappt hat, können Sie bei angetipptem Auslöser leicht durch einen Druck auf die Abblendtaste kontrollieren. Dann wird's zwar ziemlich duster im Sucher, und das ist nur natürlich bei dem verbleibenden, kleinen „Loch", doch Sie können recht gut abschätzen, ob der gewünschte Bereich scharf erfasst wird. Die Anzeige macht klar, welche Messfelder bei der Ermittlung zur Anwendung kamen.

Ein Segen, dass Ihnen die Kamera im Sucher klar und deutlich zeigt, welche Blende sie für diese Schärfentiefe für notwendig erachtet und welche Verschlusszeit sich bei dieser oft minimalen

Öffnung ergibt. Danach können Sie nämlich entscheiden, ob Sie die Angelegenheit lieber vergessen und statt Kaviar einfach Linseneintopf bestellen, oder ob Sie darauf bestehen, Ihren Kopf durchzusetzen. Freilich, mit einer Verschlusszeit, die *weit* unterhalb der Verwacklungsgrenze liegt, haben Sie aus der Hand keine Chance. Dann muss die Vernunft einsetzen, und Sie müssen sich nach einer sehr stabilen Unterlage umsehen.

Sollte die Blende in der Anzeige blinken, kann die Kamera die gewünschte Schärfentiefe beim besten Willen nicht herbeizaubern. Die Belichtung wird bei den gemeldeten Werten zwar stimmen, doch das ist auch alles. Hier bleibt Ihnen nichts anderes, als Ihre Anforderungen zurückzuschrauben. Das Zurücktreten oder die Wahl eines Weitwinkelobjektivs (oder einfach einer kürzeren Brennweite), wie sie Canon vorschlägt, ist Augenwischerei: Dann bekommen Sie zwar – unter Umständen – die gewünschte Schärfentiefe, doch Sie erfassen ein womöglich riesiges und völlig unerwünschtes Umfeld. Und so hatten Sie wahrscheinlich nicht gewettet.

Verkneifen Sie sich in dieser Betriebsart das Ausklappen des Blitzgeräts, denn Sie würden dann mit normaler Vollautomatik fotografieren! Von Schärfentiefenautomatik keine Spur.

Die Belichtungskorrektur

Im Bereich von ±2 Belichtungsstufen (oder LW = Lichtwerten) erlaubt die EOS 300V eine Korrektur der automatisch eingesteuerten Belichtungswerte – in den Kreativfunktionen, versteht sich. Und das außer M, denn dort sind Sie sowieso der Chef und bestimmen, wo's langgeht.

Sobald der Funktionswähler auf P, Tv, Av oder A-DEP steht, können Sie mit dem Einstellrad – selbst bei ausgeschaltetem Messsystem, das heißt, in Bereitschaftsstellung – eine Belichtungskorrektur eingeben: Einfach Belichtungskorrekturtaste neben der LCD (= Av-Taste) drücken und Einstellrad drehen. Die Skala in der LCD (und natürlich im Sucher) zeigt Ihnen das Maß der eingestellten Abweichung. Übersichtlicher geht's nicht.

Jegliche Belichtungskorrektur bleibt erhalten, wenn Sie die Kamera ausschalten oder den Funktionswähler auf eine andere Kreativfunktion drehen. (Bei M wird die Korrektur inaktiv, jedoch für die übrigen Kreativfunktionen nicht gelöscht.) Sobald Sie den Funktionswähler jedoch auf eine Funktion im Automatikbereich drehen, wird die Korrektur gelöscht, und dies eignet sich wiederum als Abkürzung zur Rückstellung auf Null. Ansonsten muss die Korrektur gezielt auf Null zurückgestellt werden.

.Ein venezianisches Idyll, wie es sich der Kamera mit Brennweite 28 mm bei normalem, nicht zu hohen Gesichtswinkel bietet.

Ein anderer Aufstellungsort, leichte Kameraneigung nach unten und die Diagonalen des Pflasters bringen Ruhe ins Bild.

Treppen legen einen tieferen Blickwinkel nahe – es entsteht eine wiederum andere Perspektive, die insbesondere in Verbindung mit kurzen Brennweiten eine vom Althergebrachten abweichende Wirkung erzeugt.

Die Belichtungsreihenautomatik (AEB)

Belichtungsreihen kosten Film, kein Zweifel. Wenn es jedoch darauf ankommt – und wie oft kann man schon eine schwierige Aufnahme wiederholen? (Nie!) –, werden sie zur „Lebensversicherung". Dabei macht Ihnen die EOS 300V dieses Leben wirklich leicht: Sie drücken die Funktionstaste, bis der Pfeil in der LCD gegenüber dem Belichtungsreihensymbol (am unteren Ende der Anzeige) steht. Dann stellen Sie mit dem Einstellrad den gewünschten Streufaktor in halben Belichtungsstufen ein. Er wird während der Einstellung nur auf der Skala in der LCD angezeigt, später – nach dem Antippen des Auslösers – jedoch auch im Sucher. (Der Einstellvorgang selbst spiegelt sich jedoch nur in der LCD wider. Nach dem Antippen des Auslösers nimmt die Kamera keine weitere Korrektur der Einstellung an, und Sie müssen die Funktionstaste gegebenenfalls erneut drücken.)

Die Anzeige ist ungemein plastisch: Alle drei Aufnahmen der Reihe zeigt sie Ihnen in ihrer Lage auf der „Belichtungsskala". So können Sie sich schon vor den Aufnahmen ein genaues Bild machen. Zur Übernahme der Einstellung tippen Sie den Auslöser kurz an. Andernfalls wird die Einstellung nach sechs Sekunden automatisch übernommen.

Die Aufnahmen erfolgen in der Reihenfolge Belichtung nach Messung, Unterbelichtung und Überbelichtung. Wenn Sie zuvor auf Reihenbilder geschaltet haben, können Sie den Finger einfach auf dem Auslöser lassen, und die Kamera wird eine Aufnahme nach der anderen belichten. Andernfalls müssen Sie jede der drei Aufnahmen getrennt auslösen.

Besonders interessant ist eine Verbindung der Belichtungskorrektur mit einer Belichtungsreihe. Wenn nämlich klar ist, dass auf Grund der Helligkeitsverteilung im Motiv nur eine Unterbelichtung zu erwarten ist, wäre eine Streuung in Richtung

Belichtungsreihe in der Folge „nach Messung", „Unterbelichtung" und „Überbelichtung".

Bei Motiven, in denen große weiße Flächen dominieren, ergibt sich unter Umständen die Frage, ob man sich durch eine Belichtungsreihe absichern möchte.

Unterbelichtung unsinnig. Dem können Sie leicht steuern, indem Sie bei – sagen wir – Streufaktor 1 eine Belichtungskorrektur um +1 einstellen. Dann erfolgt die erste Aufnahme mit den gemessenen Werten, Aufnahme 2 mit +1 und Aufnahme 3 mit +2 Belichtungsstufen. All dies zeigt Ihnen die Belichtungsskala im Sucher und in der LCD überaus anschaulich.

Wann werden Sie die Belichtungsreihenautomatik benutzen? Nun, es gibt Situationen, in denen selbst ein erfahrener Fotograf Zweifel hat. Das können Nacht- oder Dämmerungsaufnahmen sein oder besonders schwierige Motive bzw. Lichtverhältnisse. Nur ein großes Handicap erwartet Sie, solange Sie mit Farbnegativfilm fotografieren: das alles über einen Kamm scherende Labor! Präsentieren Sie dem eine Belichtungsreihe mit +1 oder sogar +3 Belichtungsstufen, und Sie werden erstaunt sein, in Ihren Vergrößerungen nur minimale Unterschiede festzustellen. Das beruht einmal auf dem großen Belichtungsspielraum von Negativfilm, zum anderen jedoch auf dem „Gegensteuern" des allgegenwärtigen – und ebenso ungeliebten – „Printers", jener Vergrößerungsmaschine, die Ihre Negative zu Papier bringt. Und das tut sie stur heil nach dem Motto: Dichtes Negativ? Volle Pulle! Weniger dichtes Negativ? Weniger Pulle. Fazit: Eintopf. Es lebe der fotografische Stumpfsinn!

Am wichtigsten sind Belichtungsreihen bei Aufnahmen auf Farbumkehrfilm für Diapositive. In diesen sehen Sie die Streuung wirklich und unverfälscht, denn sie müssen sich nicht durch einen Printer zu Durchschnitt verarbeiten lassen. Zudem ist der Belichtungs-

spielraum von Umkehrfilm weitaus geringer als jener von Negativfilm, so dass die Belichtung haargenau sitzen muss, wenn die Aufnahme wirken soll. Während die Streuung bei Negativfilm zum
Beispiel bei starkem Gegenlicht oder weißgetünchten Wänden in
der Größenordnung von 1 – 1,5 Belichtungsstufen liegen sollte,
müssen Sie bei Umkehrfilm viel behutsamer vorgehen. Hier reicht
eine Streuung um 0,5 voll aus, gegebenenfalls mit einer Verschiebung mit Hilfe der Belichtungskorrektur.

Mehrfachbelichtungen

Selbst mehrere Belichtungen auf einem Filmstück vereinigen können Sie in der EOS 300V. Hierzu drücken Sie die Funktionstaste
(bei eingeschalteter Kamera), bis der Pfeil gegenüber den zwei gegeneinander verschobenen Rechtecken steht. Die LCD
zeigt nur den Pfeil und „1". Mit dem Einstellrad wählen
Sie nun die gewünschte Anzahl Belichtungen. Die
Höchstzahl sind neun. Kurzes Antippen des Auslösers
führt zurück zum Normalbetrieb.

Anschließend sollten Sie sich überlegen, ob Sie eine
Belichtungskorrektur einführen müssen. Denn sobald
sich Motivteile in den einzelnen Bildern überlappen, ad-
diert sich die Belichtung. Deshalb sagt die Faustregel,
dass man bei einer Doppelbelichtung um –1 korrigieren
sollte, bei drei Belichtungen um –1,5 und bei vier um –2.
Doch das ist, wie gesagt, nur eine Faustregel. Gegebenenfalls
müssen Sie experimentell feststellen, welche Belichtung für das
spezielle Motiv in Frage kommt.

LC-Anzeige der Funktion Mehrfachbelichtungen. Mit dem Einstellrad kann die Anzahl der gewünschten Mehrfachbelichtungen (max. 9) eingestellt werden.

Bei jedem Druck auf den Auslöser wird der Film belichtet, jedoch anschließend nicht wie üblich weitertransportiert. In der
LCD erscheint die eingestellte bzw. verbleibende Anzahl Mehrfachbelichtungen. Sollten Sie vor Abarbeitung aller eingestellten
Belichtungen abbrechen möchten, genügt die Rückstellung auf
blankes Display, also über die 1 hinaus. Beim Antippen des Auslösers transportiert die Kamera die bereits gemachten Belichtungen
um eine Bildlänge weiter. Die Einstellung der Mehrfachbelichtungen bleibt auch bei Ausschaltung der Kamera oder beim Wechsel
der Belichtungsfunktion erhalten – sofern Sie nicht auf eine der
Funktionen im Automatikbereich schalten! Diese führen zur so-
fortigen Löschung, womit sich dieses Verfahren generell als ein-
fachster Weg zur Rückstellung empfiehlt. Der Film wird weitertransportiert, und die Kamera ist wieder „normal".

Was Sie mit Mehrfachbelichtungen anfangen können? Nun, vielleicht probieren Sie's mal mit einer Mondaufnahme. Dazu brau-

chen Sie lediglich eine Doppelbelichtung, also stellen Sie „2" ein.
Dass Sie den Mond nicht einfach „normal" mit einer Landschaft fotografieren werden, hat seinen guten Grund: Mit einer für die Landschaft adäquaten Brennweite fotografiert, erscheint er viel zu klein
und wirkungslos im Bild. Um den gewohnten Eindruck zu erzeugen, brauchen Sie eine etwa viermal so lange Brennweite.

Zunächst fotografieren Sie die Landschaft oder Stadtsilhouette
in der anbrechenden Dämmerung, ohne Mond. Dann warten Sie,
bis sich der möglichst volle Mond erhoben hat, und setzen oder
stellen eine entsprechend längere Brennweite ein. Für die Belichtung des Mondes muss die Kamera natürlich auf einem Stativ stehen. Je größer Sie den Mond abbilden, um so kürzer muss die Belichtung sein. Eine zu lange Belichtung würde den Mond – der ja
weiterzieht am Himmel – verzerren. Immerhin legt er in etwa
zwei Minuten eine Strecke zurück, die seinem Durchmesser entspricht. Bei einer Brennweite von – sagen wir – 135 mm und einer
Filmempfindlichkeit von ISO 100/21° sind etwa vier Sekunden
noch kurz genug, um die Mondbewegung nicht sichtbar werden
zu lassen. Diese Verschlusszeit steuert Ihnen die EOS 300V in M
bequem ein. Sie ist kurz genug, um die Landschaft nicht mehr zur
Geltung kommen zu lassen, solange sich keine Lichtquellen im
Bild befinden. Bliebe noch die Blendeneinstellung, die sich nach
den atmosphärischen Verhältnissen richtet und zwischen 4 und 8
liegen könnte. Den Fokussierschalter des Objektivs stellen Sie auf
MF und fokussieren mit dem Entfernungsring nach dem Mattscheibenbild. Achten Sie darauf, dass sich in unmittelbarer Nähe
des Mondes keine Wolken befinden, die oft schnell ziehen und
dann nur als Schleier abgebildet werden.

Der Selbstauslöser

Mit dieser Taste wird – außer der Filmtransportfunktion – der Selbstauslöser gewählt.

Was wäre eine moderne Kamera – obendrein wenn sie aus Japan
kommt – ohne eine Funktion, mit der Sie sich selbst ablichten können! Nun gut, wir neigen zwar nicht gar so oft zur Selbstverewi-
gung wie die Japaner, doch gelegentlich mag auch uns
diese Möglichkeit gelegen kommen.

Für die Kamera brauchen Sie natürlich eine feste Unterlage, im Idealfall ein Stativ. Dann drücken Sie die
Selbstauslösertaste, so dass das entsprechende Symbol
in der LCD erscheint. Sollten Sie sich die Angelegenheit
noch anders überlegen – sei es vor oder nach dem Druck
auf den Auslöser – genügt ein weiterer Druck auf die
Selbstauslösertaste, und die Sache ist vergessen. Alternativ können Sie die Kamera auch ausschalten.

Nachdem Sie den Bildausschnitt gewählt haben, fokussieren Sie entweder auf ein Ersatzobjekt in der gewünschten Entfernung (keinesfalls auf das „Loch", das Sie für sich gelassen haben!) und schalten dann AF ab, oder sie stellen von vornherein von Hand scharf. Anschließend müssen Sie die Gummi-Augenmuschel nach oben vom Sucherokular abziehen und die auf einem Ende des Schulterriemens aufgefädelte Gummi-Abdeckung auf die Okularfassung stecken. Der Zweck der Übung ist es, von hinten einfallendes Streulicht auszusperren, das die Belichtungsmessung verfälschen könnte, wenn das Sucherokular nicht durchs Auge abgeschattet wird.

Anzeige der Selbstauslöser-funktion im Display

Nun kann's losgehen. Ein Druck auf den Auslöser setzt den Selbstauslöser in Gang. Stellen Sie sich hierzu jedoch bitte nicht vor die Kamera, denn in diesem Moment stellt sie ja die Belichtung ein (bei eingeschaltetem AF auch die Schärfe). Folglich muss sich eine Fehlbelichtung ergeben, wenn Sie ihr die Sicht versperren. Die Selbstauslöserlampe beginnt zu blinken, Signaltöne werden hörbar, sofern eingeschaltet. In der LCD erscheinen an der Stelle der Bildnummer die verbleibenden Sekunden. Nach acht Sekunden schaltet die Selbstauslöserlampe auf konstantes Leuchten, die Signaltöne werden hastiger. Und wenn 10 s vergangen sind, müssen Sie Ihr bestes Lächeln aufgesetzt haben. Die Funktion bleibt aktiv, bis Sie sie mit der entsprechenden Taste wieder ausschalten oder den Funktionswähler auf OFF drehen.

Wenn Sie Selbstauslöseraufnahmen machen, dann versuchen Sie doch einmal, die Dinge etwas aufzulockern: Meist stehen Sie nicht allein vor der Kamera, und es bietet sich an, mit den Umstehenden „einen Streit vom Zaun zu brechen". Blicken Sie nicht starr in die Kamera, sondern geben Sie sich ganz ungezwungen so, als gäbe es gar keine Kamera.

Der Selbstauslöser taugt allerdings für mehr als nur Selbstbildnisse. Gegebenenfalls hilft er Ihnen aus der Patsche, wenn sich eine nicht mehr aus der Hand haltbare Verschlusszeit ergibt und Sie die Kamera irgendwo auf- oder abstützen müssen. Dann haben Sie nach der Auslösung 10 s Zeit, sich ganz auf den Moment der Belichtung zu konzentrieren.

Oder Sie fotografieren vom Stativ bzw. einem Reprogestell und haben kein Auslösekabel zur Hand. Wieder kann der Selbstauslöser den Kabelauslöser ersetzen. Das kostet zwar etwas Strom, doch wenn Sie nur gelegentlich in eine solche Situation kommen, ist dieser Luxus sicher zu verantworten.

Blitzaufnahmen mit der EOS 300V

So klein, leicht und handlich die EOS 300V auch ist, sie hat ihre winzige Taschensonne stets „im Rucksack", über dem Prismengehäuse. So kann es Ihnen eigentlich nie passieren, dass Sie im Bereich von etwa 3 bis 5 m auf eine Aufnahme verzichten müssen – es sei denn, ein Blitz wäre am Ort der Handlung nicht angebracht oder erlaubt. In diesem Entfernungsbereich jedoch spielen sich die meisten Aufnahmen im Familien- und Freundeskreis ab.

Der eingebaute Blitz wird mit Innenmessung (TTL) gesteuert. Und zwar misst die Kamera das bei geöffnetem Verschluss direkt von der Filmoberfläche reflektierte Licht. Sobald ein Referenzwert erreicht ist, dreht sie dem Blitzgerät den Hahn zu. All das vollzieht sich in Millisekunden.

Das eingebaute Blitzgerät der EOS 300V hat Canon auf einen langen Hebelarm gesetzt, um den Abstand zwischen Blitz und Aufnahmeachse so weit wie möglich zu vergrößern. Damit wird die Gefahr roter Augen verringert; außerdem führen „dicke" Objektive nicht so schnell zur Beschneidung des Blitzkegels.

Der Blitzsensor ist in drei Sektoren unterteilt, die ihrerseits mit den AF-Messfeldern verknüpft sind. So ist hohe Genauigkeit der Blitzbelichtung gewährleistet.

Die Leitzahl des eingebauten Blitzgeräts beträgt 12 bei ISO 100/21°. Damit schafft es bei einem Objektiv wie dem EF 1:4-5,6/28-90 mm folgende Reichweiten:

Brennweite	Negativfilm	Diafilm
28 mm	1 – 4,2 m	1 – 3 m
90 mm	1 – 3 m	1 – 2,1 m

Die Unterschiede zwischen der kürzesten und längsten Brennweite erklären sich mit der gleitenden Lichtstärke: Während Ihnen bei diesem Objektiv am Weitwinkel-Ende 1:4 zur Verfügung steht, ist es am Tele-Ende eine Blendenstufe weniger, nämlich nur noch 1:5,6. Dadurch gelangt weniger Blitzlicht auf den Film, und dem kleinen Eingebauten geht früher die Puste aus. Bei Verwendung hochempfindlichen Films mit ISO 400/27° verdoppelt sich die Reichweite.

Der Leuchtwinkel des Geräts reicht für die Brennweite 28 mm aus. Bei einer kürzeren Brennweite würde sich ein Spotlight-Effekt ergeben – die Bildecken würden abgeschattet. Bei Verwendung

eines sehr lichtstarken – und damit „dicken" – Objektivs könnte dies beim Blitzen mit dem eingebauten Gerät den Lichtkegel beschneiden. Aus demselben Grund sollten Sie auch beim Blitzen mit dem Eingebauten keine Gegenlichtblende aufgesetzt lassen.

So winzig er auch ist, der kleine eingebaute Blitz, er reicht für die kurzen Aufnahmeabstände bei normalen Motiven voll aus.

Blitzen in den verschiedenen Belichtungsfunktionen

In **Programmautomatik (P)** brauchen Sie sich um nichts – außer der Reichweite – zu kümmern. Die Kamera stellt die Synchronzeit 1/90 s ebenso ein wie die Blende. Damit sind Blitzaufnahmen für Sie genauso „automatisch" wie normale Aufnahmen mit Voll- bzw. Programmautomatik.

Blendenautomatik (Tv) gibt Ihnen die Möglichkeit, eine beliebige Synchronzeit zwischen 1/90 s und 30 s einzustellen, zum Beispiel, um dem Hintergrund bei Nacht oder in Innenräumen gezielt Gelegenheit zu geben, sich im Bild durchzusetzen und so ein „schwarzes Loch" zu vermeiden. Die Blende wird dabei automatisch gesteuert. Wertvoll ist die gezielte Einstellung im Vergleich

In Innenräumen begünstigen Wände und andere Reflexionsflächen die Ausleuchtung mit Blitz.

zur automatischen Langzeitsynchronisation in Zeitautomatik deshalb, weil Sie den Hintergrund nicht voll „auszubelichten" brauchen, sich also auf eine Verschlusszeit beschränken können, die sich – wenngleich länger als üblich – noch für eine Freihandaufnahme eignet. Das Prinzipielle hierzu wurde bereits beim Nachtprogramm erwähnt. Hier nun haben Sie es in der Hand, zum Beispiel 1/15 s oder 1/8 s fest vorzugeben, um so die Zeichnung im Hintergrund anzuheben, ohne auf die Bequemlichkeit einer Freihandaufnahme zu verzichten.

In **Zeitautomatik (Av)** geben Sie die Blende vor. Bei schwachem Licht müssen Sie hier sehr vorsichtig sein, denn je kleiner Sie das „Loch" machen, um so stärker beschneiden Sie die Reichweite des Blitzes. Normalerweise wird man es deshalb bei der – meist sowieso nicht übermäßig großen – Anfangsöffnung des Objektivs belassen. Wichtiger ist in dieser Funktion die Nutzung des gesamten Verschlusszeitenbereichs ab der Synchronzeit 1/90 s: Automatisch stimmt die Kamera die Belichtung auf die Hintergrundhelligkeit ab, so dass sich eine ausgewogene Belichtung zwischen dem angeblitzten Vordergrundobjekt und dem Hintergrund ergibt. Bei diesem Verfahren resultieren jedoch in Abhängigkeit von der Hintergrundhelligkeit oft sehr lange Verschlusszeiten, die sich aus der Hand nicht mehr unverwackelt halten lassen. Mein Kompromissvorschlag: Schalten Sie nur kurz auf Zeitautomatik, und lesen Sie ab, welche Verschlusszeit die Kamera für den Hintergrund vorschlägt. Denken Sie daran, dass diese Zeit zu einer „vollen" Belichtung des Hintergrunds führen würde. Diese jedoch ist in den meisten Fällen gar nicht erforderlich. Auch ein etwas unterbelichteter Hintergrund wird in Nacht- und Innenaufnahmen gewöhnlich noch genügend Stimmung vermitteln, um das Bild abzurunden. Und wenn es da hinten nicht zappenduster ist, schaffen Sie diese knappe Belichtung meist noch mit 1/15 s bis 1/8 s – womit wir wieder beim Blitzen mit Blendenautomatik und fest vorgegebener Zeit wären. Schalten Sie also anschließend auf Tv, und stellen Sie eine solche Zeit ein.

In **M** schließlich haben Sie beide Einstellkomponenten in der Hand und können beliebige Effekte erzielen. Die Kamera wird übrigens hier wie auch in Blendenautomatik automatisch auf 1/90 s zurückschalten, sollten Sie eine kürzere Zeit einstellen, die mit Blitz nicht synchronisierbar ist, es sei denn mit einem externen Blitzgerät und FP-Kurzzeitsynchronisation.

Die **Schärfentiefenautomatik** ist mit Blitz nicht einsetzbar. Bei den zur Erzielung großer Schärfentiefe erforderlichen, kleinen Blenden hätte der Blitz keine Chance.

Bis hierher wurde der Blitz eigentlich immer nur mit sehr schwachem Licht in Verbindung gebracht. Doch glücklicherweise eignet sich das Blitzgerät der EOS 300V ja ebensogut für die Aufhellung tiefer Vordergrundschatten bei Tageslicht – als Aufhellblitz. Während die erwähnte automatische Einstellung der Blende bei sehr schwachem Licht stets zur größten Öffnung führen wird, braucht die Kamera die Blende bei Tageslicht zur Drosselung der Lichtfülle, denn leider stößt ja die Verschlusszeit mit 1/90 s sehr bald an eine Grenze. In der Praxis landen Sie dann im hellen Sonnenschein schnell bei Einstellungen wie 1/90 s und Blende 13. Eine so kleine Öffnung hat jedoch fatale Folgen für das Blitzlicht: Es kommt nur noch ganz schwach zum Tragen. Bei Blende 13, zum Beispiel, reicht das kleine Eingebaute noch bis maximal 1 m!

Ist Aufhellblitzen damit sinnlos? Würde ich nicht sagen. Es kommt Ihnen nämlich der Umstand zu Hilfe, dass ein Aufhellblitz ja gar nicht so hell sein soll wie ein „richtiger". Er darf keine zweite Lichtrichtung schaffen, die sich im Bild nur unnatürlich ausneh-

Auch bei Tageslicht kann die Lichtspritze des eingebauten Blitzgeräts Vorteile bringen. Sie müssen lediglich darauf achten, dass dadurch im Vordergrund nicht jeglicher Kontrast weggeleuchtet wird.

men würde. Oft reicht es schon aus, wenn er wenigstens Spitzlichter in die Augen bringt. Mit anderen Worten, eine Prise Zusatzlicht ist besser als gar keines. Zudem werden Sie nicht ausschließlich im hellsten Sonnenschein aufhellblitzen, wenngleich dies die Bilder stark verbessern kann, denn gerade bei starker Sonne sind die Schatten am tiefsten. Sie müssen sich nur im klaren darüber sein, dass die Reichweite hier geringer ist.

Kampf den Rotaugen!

Doch zurück zum Blitzen bei schwachem Licht. Hier kann es Ihnen passieren, dass geringe Allgemeinhelligkeit Ihre Lieben zu rotäugigen Monstern macht. Und das kommt so:

Das eingebaute Blitzgerät sitzt zwangsläufig nicht all zu weit weg von der Aufnahmeachse. Schließlich muss es sich ja den Platzverhältnissen über dem Prismengehäuse anpassen. Der relativ nah an der Aufnahmeachse abgegebene Blitz jedoch trifft so auf den roten Augenhintergrund, und weil die Pupillen bei schwachem Licht weit geöffnet sind, leuchtet die große Öffnung im Bild kräftig rot.

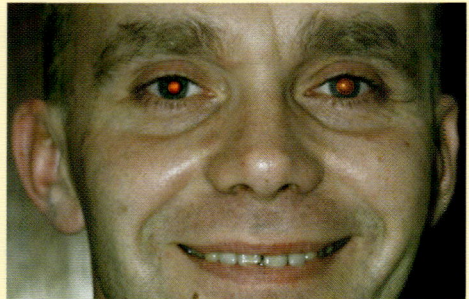

Um diesen Effekt zu mildern, befindet sich direkt unter der Blitzröhre eine kleine Lampe, die – wenn die Funktion eingeschaltet ist – vor dem Blitz etwa 1,5 s lang leuchtet. Dadurch verengen sich die Pupillen der angestrahlten Personen, und es bleibt nur noch eine kleine Öffnung übrig, deren Rot im Bild kaum mehr störend auffällt. Zur Einstellung der Funktion drücken Sie die Funktionstaste, bis der Pfeil in der LCD gegenüber dem Augensymbol steht. Dann drehen Sie das Einstellrad, bis die „0" einer „1" gewichen ist. Kurzes Antippen des Auslösers stellt den normalen Anzeigezustand wieder her.

Wenn Sie dann vor der Aufnahme in den Sucher blicken und den Auslöser antippen, informieren laufende Leuchtbalken unter der Belichtungsskala, wie lange die Lampe leuchtet. Erst wenn die Leuchtbalken verschwunden sind, sollten Sie auslösen, damit die Blendung voll wirksam werden kann. Lösen Sie früher aus, kommt die Blendung nur gekürzt oder gar nicht zur Wirkung. Die Personen vor

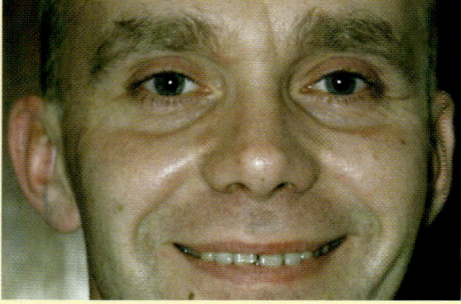

Rote Augen, wie sie bei geringer Allgemeinbeleuchtung und direktem Blitzen entstehen (oben), können Sie mit der Funktion Verringerung roter Augen „entschärfen" oder das Bild nachträglich über den Weg der Digitalisierung mit einem Bildbearbeitungsprogamm am Computer „retten".

der Kamera sollten wissen, dass sie bis nach dem Blitz stillhalten müssen und die Lampe nur das Vorspiel ist.

Das Vorlicht ist nicht unbedingt angenehm für die geblendeten Personen – denn nur Blendung führt zur Verengung der Pupillen. Wenn Sie in Innenräumen die Möglichkeit haben, die Beleuchtung zu verstärken, sollten Sie davon Gebrauch machen. Je heller nämlich die Umgebung, um so kleiner die Pupillen, und der gewünschte Effekt wird auf natürliche Weise erzielt.

Völlig ungeeignet ist die Funktion zur Verringerung roter Augen für bewegte Objekte. Sie kann nur wirken, wenn der Blick direkt in die Kamera gerichtet ist. Wenn man zuschaut, wie zum Beispiel Tanzende bei einer nächtlichen Vorführung unter freiem Himmel von allen Seiten „vorbeleuchtet" werden, muss man sich fragen, was dabei wohl herauskommen soll. Denn außer der Blickrichtung bleibt ja auch noch die beträchtliche Verzögerung zwischen dem Druck auf den Auslöser und der Blitzzündung zu berücksichtigen. Die Funktion bleibt auch bei Ausschaltung der Kamera im Speicher. Wird sie nicht benötigt, muss sie wieder mit der Funktionstaste eingeschaltet und mit dem Einstellrad auf „0" zurückgesetzt werden.

Eine Handvoll Praxistipps

Schon wenige Meter Unterschied sind bei Blitzaufnahmen mit einem unübersehbaren Lichtabfall verbunden. Und das heißt nichts anderes, als das ein naher Gegenstand sehr kräftig bis überbelichtet wird, ein weiter entfernter schwach bis unterbelichtet. Dagegen ist kein Kraut gewachsen, Naturgesetze bestimmen die Grenzen. Bei Ihren Aufnahmen unbedingt beachten müssen Sie diese Besonderheiten jedoch, wollen Sie keine Enttäuschung erleben.

Wie oft wird bei feierlichen Anlässen eine langgestreckte Tafel fotografiert – mit Blitz natürlich. Einen Bereich von – sagen wir – einem Meter bis zu fünf Metern kann das Blitzlicht jedoch beim besten Willen nicht optimal, ja nicht einmal ansehnlich, ausleuchten. Und das gilt selbst für ein leistungsstarkes externes Blitzgerät. Fazit: Onkel Otto mit seinem blütenweißen Hemd im Vordergrund knallt nur so heraus, Tante Frieda irgendwo dazwischen sieht ganz manierlich aus,

Objekte, die keine zu große Tiefenausdehnung haben, lassen sich mit Blitz bequem ausleuchten.

doch der Opa im Hintergrund scheint in Afrika angebrannt zu sein – so schwarz ist er selbst nach intensivem Sonnenbaden nicht. Der Blitz hat sein Bestes gegeben, die Schuld an der Misere haben Sie.

Entgegen der für Tageslicht geltenden Regel, die Dinge möglichst diagonal anzugehen, müssen Sie bei Blitzlicht eben wegen der geschilderten Beschränkungen genau das Gegenteil tun: Bauen Sie Ihre Opfer möglichst in einer Ebene auf. Dann wird die Belichtung stimmen. Unterlassen Sie hingegen das Blitzen bei tiefgestaffelten Motiven. Lösen Sie die festliche Tafel lieber in einzelne Grüppchen auf. Dann bekommt auch der Opa wieder eine gesunde Gesichtsfarbe.

In Innenräumen lohnt es sich, ein wenig auf den Hintergrund zu achten. Je näher er ist, um so stärker machen sich unschöne Schlagschatten bemerkbar. Generell birgt der Hintergrund einige Fallstricke: Passen Sie nicht auf, wachsen den Leuten plötzlich Blumentöpfe, Bilderrahmen oder womöglich ein Hirschgeweih aus dem Kopf. Sie mögen das vielleicht noch lustig finden, die fotografierte Person jedoch wahrscheinlich nicht. Achten Sie deshalb vor dem Druck auf den Auslöser nicht nur auf die Person, sondern auch darauf, was sich hinter ihrem Kopf abspielt. Meist genügt eine leichte Verlagerung der Kamera nach rechts oder links, oben oder unten, um derartige Bildstörungen auszuschalten. Sie müssen sich nur dazu zwingen, das Sucherbild konzentriert *in seiner Gesamtheit* zu betrachten.

Größerer Spielraum durch externe Systemblitzgeräte

Wer öfter blitzt, Wert auf den universellen Einsatz des Aufhellblitzes legt, den Blitz auch mit längeren Brennweiten kombinieren oder zusätzliche Funktionen wie indirektes Blitzen oder Kurzzeitsynchronisation nutzen möchte, wird zu einem externen Systemblitzgerät greifen. Den höchsten Stand der Blitztechnik verkörpern dabei die Geräte der EX-Reihe, die hier als Beispiele dienen.

Mit einem 220EX, 420EX oder 550EX kommen Sie in den Genuss der modernsten Form der Canon Blitzautomatik, E-TTL. Bei dieser wird nicht der in der Kamera eingebaute Blitzsensor zu Hilfe genommen, sondern die Messung erfolgt mit dem normalen Belichtungssensor, in der EOS 300V also mit vollen 35 Messsektoren. Der Vorgang ist folgender:

Ein zarter Aufhellblitz kann bei vielen Anlässen zur ausgewogenen Belichtung führen.

Bei Zündbereitschaft des Blitzgeräts werden automatisch die Synchronzeit 1/90 s und die Blende eingestellt. Beim vollen Druck auf den Auslöser zündet das Gerät unmittelbar vor dem Hochklappen des Spiegels einen Messblitz fester Leistung. Der Belichtungssensor der Kamera misst das vorhandene Dauerlicht und den vom Motiv zurückgeworfenen Messblitz, wobei der Bereich des oder der aktiven AF-Messfelder stärker gewichtet wird. Danach werden die für den Hauptblitz erforderliche Leistung berechnet und der Blitz gezündet. Bei eingeschalteter Kurzzeitsynchronisation (FP) erfolgt automatische Umschaltung auf diese Betriebsart, wenn die kleinste verfügbare Blende noch zu einer Überbelichtung führen würde.

E-TTL-Blitzautomatik ist besonders wertvoll beim Aufhellblitzen, denn hier kommt es auf eine feinfühlige Drosselung der Blitzenergie an, damit die natürliche Stimmung der Aufnahme nicht durch eine zweite Lichtrichtung gestört wird. Durch das ausgeklügelte Messverfahren und die Nutzung der hohen Genauigkeit der mit AF verknüpften Messsektoren ergibt sich eine besonders feine Dosierung des Aufhellblitzes, so dass die Aufnahme nicht „geblitzt" wirkt. Lange hat es gedauert, bis die Technik endlich zu dieser Reife entwickelt war, doch inzwischen haben wir's geschafft.

Bevor Sie ein externes Blitzgerät an die EOS 300V ansetzen, muss auf jeden Fall das eingebaute eingeklappt sein. Eine Verwendung des eingebauten mit einem externen ist nicht möglich. Beim

Blitzen mit einem der vorgenannten externen Systemblitzgeräte übernimmt dieses die Funktion des AF-Hilfsilluminators. Zu beachten ist dabei, dass das AF-Hilfslicht in den Kreativprogrammen nur abgegeben wird, wenn AF auf Messfeld-Automatik geschaltet ist oder beim 550EX eines der horizontalen bzw. beim 220EX oder 420EX das zentrale AF-Messfeld gewählt ist.

Kurzzeitsynchronisation (FP)

Das FP leitet sich vom englischen "focal-plane [shutter]" (Schlitzverschluss) ab. Die Funktion ist ganz besonders interessant für den engagierten Fotografen, der sich durch die mit 1/90 s zugegebenermaßen nicht gerade üppige Synchronzeit der EOS 300V beim Aufhellblitzen eingeschränkt fühlt. Denn bei gutem Licht erfordert eine noch relativ „lange" Verschlusszeit wie 1/90 s eine ziemlich kleine Blende, soll der Film nicht überbelichtet werden. Fotografieren Sie Porträts bei gutem Tageslicht, dann stört Sie eine kleine Blende, denn sie führt zu großer Schärfentiefe. Und diese ist – wie sich gezeigt hat – der Plastik abträglich, denn sie lässt den Hintergrund scharf werden, statt ihn in Unschärfe zu tauchen.

Mit einem EX-Blitzgerät lösen Sie das Problem hochelegant. Ohne auf die automatische Belichtungsregelung zu verzichten, können Sie *sämtliche* in der EOS 300V verfügbaren Verschlusszeiten mit Blitz einsetzen. Das wäre technisch nicht möglich, hätte ich Ihnen erklärt? Nun ja, mit normalen technischen Mitteln gewiss nicht. Denn bei kürzeren Zeiten als 1/90 s wird der Film in der EOS 300V nun mal durch den wandernden Belichtungsspalt nur streifenweise belichtet. Erst mit einem raffiniertem Trick lässt sich das ganze Bild mit Blitz belichten: Das Blitzgerät muss eine große Zahl – dann allerdings zwangsläufig schwächerer – Blitze in schneller Folge abgeben, damit jede vom Spalt freigegebene Stelle des Formats von einem Blitz getroffen wird. Und genau das tun die EX-Geräte.

Hier ist allerdings die Leistungsfähigkeit des Geräts gefordert, denn je höher die bereitgestellte Leistung, um so eher kann diese in die Anzahl erforderlicher Einzelblitze aufgeteilt werden, ohne dass die Reichweite auf uninteressant kurze Entfernungen sinkt. Am besten schneidet deshalb das Spitzengerät 550EX ab, das kurz als Beispiel dienen soll.

Wären Sie bei gutem Licht mit – zum Beispiel – 1/90 s und Blende 13 konfrontiert, dann schaffen Sie mit diesem Gerät mit 1/1500 s und Blende 3,5 bei Reflektorstellung 105 mm noch immer Blitzreichweiten bis zu 3,2 m. Und das reicht für Porträts aus. Wie Sie sehen, ergibt sich ein sehr großer Spielraum für den kreativen Einsatz der für die Gestaltung so wichtigen Blende. Die Kamera schalten Sie hierzu am besten auf Av, so dass sie Ihnen zur gewünschten Blende automatisch eine passende Zeit gibt. Ein Blick auf die LCD des Blitzgeräts sagt Ihnen, „wie weit" sie mit der resultierenden Einstellung gehen dürfen. Alles andere besorgen Kamera und Blitz automatisch.

FE-Blitzspeicherung

Auch dies ist eine Canon Spezialität, die große Sicherheit bei der Bewältigung schwieriger Motive bietet. Denn stark reflektierende Flächen, zum Beispiel, beeinflussen die Blitzlichtmessung leicht in einem Maße, dass das Hauptobjekt keine Chance mehr hat, sich im Bild durchzusetzen. Dann ist eine Unterbelichtung unausbleiblich.

Mit der FE-Funktion kann die Blitzbelichtung ebenso gespeichert werden wie die normale Belichtung mit der Speichertaste *. Und das geht so: Nach Grundeinstellung der Schärfe durch Antippen des Auslösers richten Sie die Suchermitte auf das für die Blitzbelichtung maßgebliche Motivdetail. Ein Druck auf die Speichertaste der Kamera zündet einen schwachen Messblitz, dessen Ergebnis für die Dauer von 16 s gespeichert wird. Zeit genug, den Auslöser zur endgültigen Scharfeinstellung erneut anzutippen, den Ausschnitt zu wählen und auszulösen.

Wenn das externe Blitzgerät auf FP-Synchronisation geschaltet und die Helligkeit selbst für die kleinste Blende zu groß ist, erfolgt automatische Umschaltung auf Kurzzeitsynchronisation. Sollte andererseits eine Unterbelichtung um mehr als eine halbe Belichtungsstufe drohen, blinkt das Blitzsymbol vor der Auslösung zur Warnung mit 2 Hz.

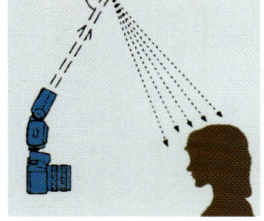

Ein zum Beispiel gegen die Zimmerdecke gerichteter Blitz erzeugt indirekte Beleuchtung.

Der indirekte Blitz

Mit einem 420EX oder 550EX können Sie auch indirekt blitzen, und darunter versteht man die Neigung – gegebenenfalls auch Verschwenkung – des Blitzreflektors und das Anblitzen einer Zimmerdecke oder -wand. Wozu das gut sein soll?

Nun, ein frontaler Blitz ist unvermeidlich „hart"; er erzeugt tiefe Schatten, nicht zuletzt auf einem nahen Hintergrund. Blitzen Sie hingegen die Zimmerdecke schräg an, wird das Licht an dieser gestreut und verteilt sich viel gleichmäßiger übers Motiv – die harten Schatten sind verschwunden. Nur zwei Dinge müssen Sie dabei beachten: 1. sollte das Blitzgerät eine ausreichende Leistungsre-

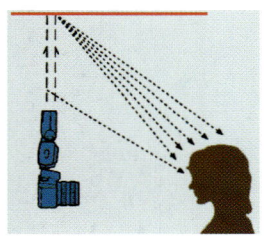

Manche externen Blitzgeräte besitzen eine ausziehbare Streuscheibe, die beim indirekten Blitzen Spitzlichter in die Augen bringt.

serve haben, denn auf dem Umweg über die Decke muss das Licht nicht nur einen weiteren Weg zurücklegen, sondern es verliert durch die Streuung zusätzlich an Kraft. Deshalb kommen auch nur normal hohe Zimmerdecken in Betracht. Der Lichtverlust gegenüber einem frontalen Blitz beträgt etwa zwei Blendenstufen. Und 2. muss die angeblitzte Fläche reinweiß sein, weil sich jede Farbe dem gestreuten Licht überlagern und einen Farbstich erzeugen würde.

Ein indirekter Blitz kommt beileibe nicht nur für Porträts in Frage. Auch bei allgemeinen Innenaufnahmen bewährt er sich zur gleichmäßigen Ausleuchtung.

Das Speedlite 220EX

Dies ist das preisgünstigste und kleinste der modernen Systemblitzgeräte zur EOS 300V. Mit 160 g belastet es Ihre Universaltasche nur unwesentlich. Dabei bietet es immerhin Leitzahl (LZ) 22 bei ISO 100/21°. Und damit kommen Sie bei Blende 4 bereits auf 5,5 m, bei Blende 5,6 auf runde 4 m.

Der Reflektor des Geräts ist starr, also nicht für indirektes Blitzen geeignet, und bietet auch keine Anpassung des Leuchtwinkels zur besseren Ausnutzung der Blitzenergie. Er ist fest auf die Ausleuchtung bis hinab zur Brennweite 28 mm eingestellt. Als Spannungsquelle dienen vier Alkali-Mignonzellen oder entsprechende Akkus. Die Blitzfolgezeit beträgt 0,1 – 4,5 s mit Alkali-Zellen bzw. 0,1 – 2,5 s mit Mignon-Akkus. Die ersteren sind für etwa 250 bis 1700 Blitze gut, die letzteren für 100 bis 700. Und diese Zahlen sind beeindruckend hoch, wenngleich sie natürlich nur einen Anhalt bieten können.

Speedlite 220EX

Wie alle Geräte der EX-Reihe arbeitet auch das 220EX mit E-TTL-Blitzautomatik. FP-Kurzzeitsynchronisation ist ebenso möglich wie FE-Blitzspeicherung. Der bei Dunkelheit automatisch zugeschaltete AF-Hilfsilluminator ist von 0,7 bis 5 m wirksam, allerdings an das zentrale AF-Messfeld gebunden.

Das Speedlite 420EX

Dieses leistungsstarke Mittelklassegerät besitzt einen Zoomreflektor, der für indirektes Blitzen von 0 – 90° neigbar und bis zu 270° schwenkbar ist. Er zoomt in sechs Stufen von 24 mm bis 105 mm mit der Aufnahmebrennweite. Die stärkere Bündelung des

Speedlite 420EX

Blitzes bei längeren Brennweiten erhöht die Leitzahl, das heißt, die Reichweite. Natürlich lässt sich das Gerät auch mit längeren Brennweiten als 105 mm einsetzen, lediglich wird der Blitz dann nicht noch stärker gebündelt. Für ISO 100/21° ergibt sich die höchste Leitzahl 42 (bei Brennweite 105 mm). Die Reichweite bei 1:4 beträgt somit bei dieser Einstellung über 10 m, bei 1:5,6 noch immer beachtliche 7,5 m. (Sie können die Reichweite auf Grund der Leitzahl für jede beliebige Blende leicht selbst ausrechnen: LZ geteilt durch Blende = maximale Reichweite in Metern. In der Praxis haben Sie's leichter, denn die Geräte zeigen den automatisch erfassten Entfernungsbereich in ihrer LCD sehr übersichtlich mit einer Balkenskala an.)

Das Gerät ist für die Verwendung von Mignonzellen bzw. NC- oder NiMH-Akkus konstruiert. In Verbindung mit der EOS 300V gestattet es sowohl FP-Kurzzeitsynchronisation als auch FE-Blitzspeicherung. Darüber hinaus kann es als Slave für drahtlose Blitzsteuerung mit einem Speedlite 550EX oder Infrarot-Auslöser ST-E2 eingesetzt werden. Ohne Batterien wiegt es nur 300 g.

Der AF-Hilfsilluminator des 420EX schaltet sich bei Dunkelheit automatisch zu. Er ist an das zentrale AF-Messfeld geknüpft und zeichnet sich durch eine Reichweite von bis zu 7 m aus.

Das Spitzengerät 550EX, schließlich, bietet mit seiner höchsten Leitzahl 55 sowohl maximale Leistung als auch Funktionsvielfalt, passt jedoch nicht so recht zum Preisniveau der EOS 300V, so dass es hier nur der Vollständigkeit halber erwähnt werden soll.

Links: Bedienungs- und Anzeigeelemente des 420EX

Rechts: Der Reflektor des 420EX ist in weiten Grenzen neig- und schwenkbar.

Die EOS 300V DATE

Wenn Sie noch etwas drauflegen, gibt's die EOS 300V auch mit einer (nicht auswechselbaren) Datenrückwand, die verspricht, Ordnung in Ihre Bilder zu bringen. Sie wissen ja, wie's geht: Am Anfang ist man guten Muts – wer wird denn schon dieses denkwürdige Datum vergessen! Doch dann, wenn genügend Zeit darüber hingegangen ist, fängt man plötzlich an zu zweifeln. Wann war denn das nun eigentlich? Und da genügt es schon, wenn Sie längere Zeit keine Gelegenheit finden, das Album auf dem Laufenden zu halten. Nur zu leicht kommen Sie dann ins Schleudern und müssen mühsam rekonstruieren.

Eine Datenrückwand kann tatsächlich für Ordnung sorgen, denn mit ihr wird es möglich, das Aufnahmedatum in die (im Querformat) rechte untere Bildecke einzubelichten. Was nicht heißt, dass Sie mit dem Datum verheiratet wären – mit einem Knopfdruck lässt sich die Einbelichtung abschalten. Und diese Möglichkeit werden Sie nutzen, wenn Sie vielleicht auf einer Reise viel fotografieren. Dann reicht es, wenn Sie das Datum am Anfang festhalten, danach nur gezielt zwischendurch, wenn Sie gewisse Abschnitte herausschälen möchten.

Wichtig bei Aufnahmen mit einbelichtetem Datum ist ein ruhiger, möglichst dunkler Hintergrund in der bei Queraufnahmen rechten unteren Bildecke.

Fotografieren Sie andererseits nur hin und wieder, kann es durchaus angemessen sein, die Einbelichtung eingeschaltet zu lassen. Aus den verschiedenen Schreibweisen des Datums, die sich zur Berücksichtigung nationaler Unterschiede einstellen lassen, werden Sie sich die deutsche Reihenfolge Tag – Monat – Jahr heraussuchen. Sie könnten auch nur den Tag und die Uhrzeit einbelichten, doch das dürfte nur in seltenen Fällen wünschenswert sein. Nachdem die Umschaltung jedoch durch einfachen Tastendruck erfolgt, ist sie schnell vollzogen.

Bei der Aufnahme empfiehlt es sich, der im Querformat rechten unteren Ecke ein wenig Aufmerksamkeit zu schenken. Ein sehr heller oder rötlicher Hintergrund an dieser Stelle würde das Datum „verschlucken". Am besten hebt es sich gegen einen dunklen Hintergrund ab.

Und noch etwas sollten Sie beachten: Bei Hochaufnahmen führt die normale Kamerahaltung nicht zu befriedigenden Ergebnissen, denn das Datum würde dann senkrechtstehend in der rechten *oberen* Bildecke erscheinen – oft genug im Himmel und viel zu prominent. Abhilfe schafft eine andere Haltung: Setzen Sie die Kamera nicht auf den linken Handteller auf, sondern auf den rechten, und lösen Sie mit dem Daumen aus. Das geht recht gut und bringt das Datum dann in die linke untere Bildecke, wo es sich besser in das Bild einfügt.

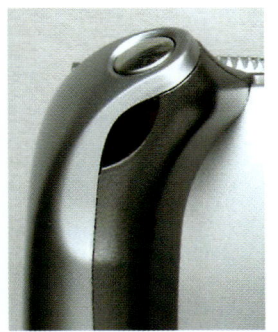

Der Empfänger für die Signale der Fernbedienung befindet sich im Handgriff, unterhalb des Auslösers.

Der automatische Kalender der EOS 300V DATE, der kurze und lange Monate sowie Schaltjahre berücksichtigt, ist bis zum Jahr 2099 programmiert. Was natürlich die Frage aufwirft, wie Sie sich nach diesem Datum helfen. Womöglich brauchen Sie dann schon wieder eine neue Kamera...

Wenn Sie unbedingt wollen, können Sie natürlich ganz schön „schwindeln" mit dem Datum. Schließlich ist es ebenso schnell eingestellt wie bei jeder Digitaluhr, und so können Sie auch ein „Wunschdatum" einbelichten. Das allerdings ist nicht ganz im Sinne des Erfinders.

Im Gegensatz zur Normalausführung der EOS 300V lässt sich das DATE-Modell der Kamera auch mit einer als Zubehör erhältlichen Infrarot-Fernbedienung auslösen. Dabei ist die Auslösung auch mit einer Verzögerung um 2 s möglich, was zum Beispiel Selbstbildnissen zugute kommt.

Diese erschütterungsfreie Form der Auslösung empfiehlt sich insbesondere für Aufnahmen vom Stativ oder Reprogestell und bietet noch höheren Komfort als der Anschluss eines Auslösekabels RS-60E3.

Canon EF-Objektive zur EOS 300V

Canon Objektive sind berühmt für ihre hohe Leistung. Die Vielfalt im EF-System ist vorbildlich. So haben Sie eigentlich keine Veranlassung „fremdzugehen" und das System zu verlassen. Letztlich sind die heute so hochentwickelten Canon Kameras und Objektive funktionstechnisch eine Einheit, und diese kann Ihnen kein Fremdhersteller mit dieser Konsequenz garantieren. Hinzu kommt, dass Canon so viele technische Pionierleistungen zu bieten hat, dass kein einziger Fremdhersteller dagegen eine Chance hat.

Allerdings werden Sie beim Blick auf die Preisliste feststellen, dass Exoten und aufwendige Systeme durchaus ihren Preis haben. Deshalb werden hier nur jene Objektive erwähnt, die preislich einigermaßen zur EOS 300V passen, wenngleich – und das sei nicht verschwiegen – das Objektiv schnell den Preis des reinen Kameragehäuses übersteigt. Die Grenze soll dabei etwa beim Eineinhalbfachen des Preises des Kameragehäuses liegen.

Oben: Das Canon EF-Bajonett mit den Kontakten für vollelektronische Signalübertragung.
Unten: Das Gegenstück des Objektivbajonetts mit der kameraseitigen „Schnittstelle", den Kupplungskontakten für den Dialog zwischen Kamera und Objektiv.

EF-Objektive haben „Vorderradantrieb"

Bei Einführung der EOS-Kameras mit Autofokus hatte Canon den Mut, einen Schlussstrich zu ziehen und mit der Konstruktion eines völlig neuen Bajonettanschlusses einen Neuanfang zu wagen. So konnte man es sich leisten, einen besonders großen Durchmesser zu wählen, der den Konstrukteuren genügend Raum ließ für die Schaffung hochlichtstarker Systeme. Gleichzeitig warf man alle mechanischen Kupplungselemente zwischen Kamera und Objektiv über Bord und verlegte sich auf vollelektronische Signalübertragung. Das EF-Bajonett war geboren.

Als erster Hersteller überhaupt verfolgte Canon bei der Konstruktion seiner Autofokus-Kameras und -objektive ein neues Konzept. Während andere Hersteller allesamt dem „Hinterradantrieb" frönten, bei dem der Fokussiermotor im Kameragehäuse untergebracht ist und die unterschiedlichsten optischen Systeme antreiben muss, ging Canon den Weg des „Vorderradantriebs": Man entwickelte einen bogenförmigen Motor, der sich der Form der Objektive anschmiegte und direkt in diese eingebaut werden konnte. So musste zwar jedes einzelne Objektiv mit einem Motor

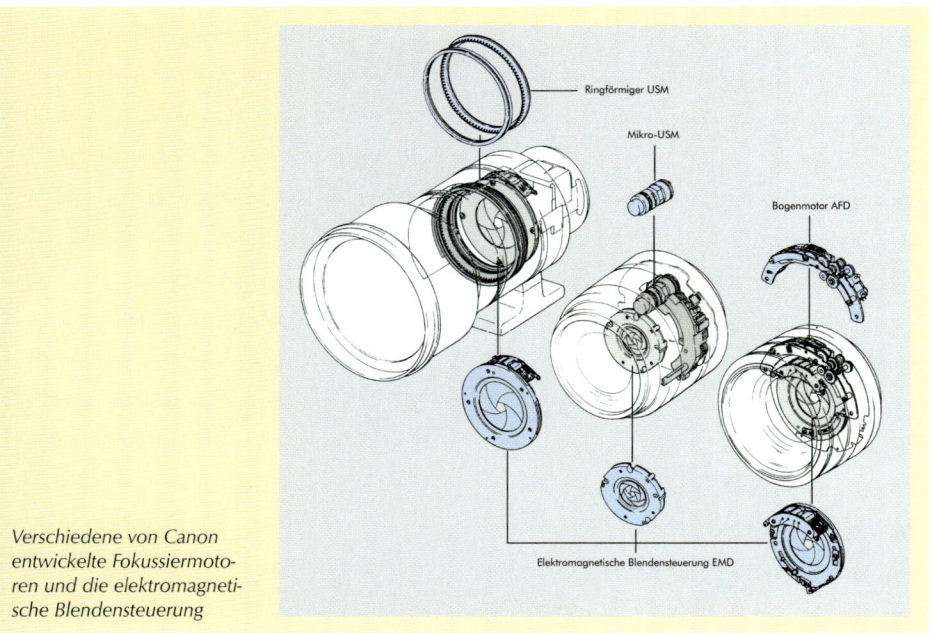

Verschiedene von Canon entwickelte Fokussiermotoren und die elektromagnetische Blendensteuerung

versehen werden, doch dieser konnte den Erfordernissen des jeweiligen Systems optimal angepasst werden. Denn es liegt auf der Hand, dass ein großes, schweres Objektiv andere „Bedürfnisse" hat als ein kleines, leichtes.

Die Rechnung ging auf, das Konzept erwies sich als hochgradig zukunftsorientiert. Ein direkt im Objektiv, vor Ort, sitzender Fokussiermotor braucht keine „Kardanwelle", keine kräfteschluckenden, verschleißgefährdeten Übertragungsmechanismen. Er kann schneller, direkter zugreifen und seine Arbeit unter optimalen Verhältnissen verrichten. Die vollelektronische Signalübertragung tut ein Übriges, um die Genauigkeit zu erhöhen, Verschleiß auszuschalten und größere Freiheit schlechthin zu bieten. Denn wenn Sie beim Hinterradantrieb den Auszug zum Beispiel durch einen Zwischenring verlängern, wird die Übertragungskette unterbrochen – nichts geht mehr. Oder man möchte einen Telekonverter zwischenschalten, um die Objektivbrennweite zu verlängern. Mit Vorderradantrieb ist all das kein Problem, denn der Motor sitzt dort, wo er letztlich gebraucht wird.

Und dann wurde der Ultraschallmotor (USM) aus der Taufe gehoben, mit dem Canon neue Maßstäbe im Objektivbau setzte. Ringförmig umschloss er zunächst das Objektiv, bestechend einfach in seinem Aufbau. Ultraschallwellen werden in Rotationsenergie umgesetzt. Ein USM spricht schneller an als ein herkömmlicher

Ringförmiger USM

Mikro-USM

Motor; die Scharfeinstellung erfolgt blitzschnell und fast lautlos.

Der ringförmige USM ist relativ teuer in der Herstellung und wurde inzwischen durch eine Neuentwicklung ergänzt, den Mikro-USM. Dieser ist zylinderförmig, jedoch so klein, dass er sich ohne weiteres in Objektive einbauen lässt. Sein entscheidender Vorteil: Er lässt sich wesentlich rationeller herstellen und damit auch in preisgünstigeren Objektive einsetzen.

Der anfänglich ausschließlich verwendete Bogenmotor hat inzwischen auch Gesellschaft bekommen: den Gleichstrom- Mikromotor. Dieser ist zum modernen Antriebselement herkömmlicher Art geworden. Dank seiner geringeren Fertigungskosten kann er den Preis von Objektiven senken, die primär für den Hobbybereich bestimmt sind.

Viele EF-Objektive sind heute wahlweise mit einem „normalen" oder einem Ultraschallmotor erhältlich, um besonders preisbewussten Käufern eine Alternative zu bieten.

Asphärische Flächen für höhere Abbildungsleistung

Immer häufiger begegnen Sie heute einer optischen Spezialität, die inzwischen ihren Weg auch zunehmend in Objektive der unteren Preisklassen findet – den asphärischen Flächen. Auch auf diesem Gebiet leistete Canon Pionierarbeit. Doch was heißt eigentlich „asphärisch"?

Normale Linsen sind sphärisch, das heißt, ihre Oberfläche ist gewissermaßen aus einer Kugel herausgeschnitten. Derartige Flächen lassen sich verhältnismäßig leicht und automatisch schleifen. Sie haben jedoch den Nachteil, dass sie parallel einfallende Strahlen nicht in ein und derselben Ebene zum Schnitt bringen. So entstehen zusätzliche „Scheibchen" um den eigentlichen Bildpunkt. Diese soge-

Die Wirkung einer asphärischen Fläche:
Links: Öffnungsfehler einer sphärischen – kugelförmigen – Fläche.
Rechts: Saubere Strahlenvereinigung durch asphärische Ausbildung der Linsenfläche.

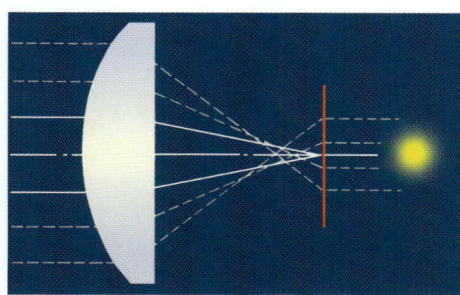
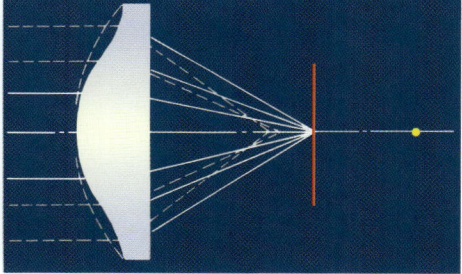

nannte sphärische Aberration geht auf Kosten der Bildschärfe. Und je größer der Linsendurchmesser, um so spürbarer wird dieser Bildfehler, den man deshalb auch als Öffnungsfehler bezeichnet.

Verlässt man hingegen die Kugelform, wird eine präzise Strahlenvereinigung in einer Ebene möglich – asphärische Flächen werden zum Retter in der Not. Das einzige Problem: Sie lassen sich nicht mit den herkömmlichen Schleifverfahren herstellen. Lange Zeit scheiterte ihre Herstellung an diesen Schwierigkeiten. Handgeschliffene asphärische Linsen sind enorm teuer. Deshalb suchte Canon nach einer Möglichkeit der Serienfertigung – und fand sie schließlich. Die Abweichung dieser Linsen von der Kugelform ist so gering, dass sie für das Auge noch immer sphärisch aussehen. Die Fertigungstoleranz beträgt nur 0,1 Mikrometer – und ein Mikrometer ist ein tausendstel Millimeter!

Was Sie bei Ihrer optischen Ausrüstung beachten sollten

Wenn Sie bereits stolzer Besitzer einer EOS 300V sind, haben Sie zumindest auch eine optische Grundausstattung, bei der es sich vermutlich um eines der populären Zoomobjektive handelt. Ob Sie nun daran denken, diese Ausrüstung eines Tages zu erweitern oder ob Sie gar noch ganz am Anfang stehen und erst die Anschaffung einer EOS 300V planen – wir wollen uns die in Frage kommenden Objektive ganz neutral und ohne Berücksichtigung einer Grundausrüstung anschauen.

Am besten bedient sind Sie in der Hobbyfotografie zweifellos mit einem der Canon Zoomobjektive. Diese entsprechen praktisch einem Satz festbrennweitiger Objektive – und nicht nur das, sie bieten darüber hinaus stufenlos alle Zwischenbrennweiten. Dieser Punkt ist wichtiger, als Sie glauben mögen. Wie oft sieht man Hobbyfotografen ihre Zoomobjektive zu zwei Festbrennweiten degradieren: Sie fahren sie entweder an das obere oder an das untere Ende des Brennweitenbereichs. Dabei ist es gerade die Freiheit, den Ausschnitt ganz nach den Erfordernissen des Augenblicks feineinzustellen, die diese Objektive veränderlicher Brennweite so wertvoll macht. Denken Sie bei der Aufnahme deshalb stets an das, „was dazwischenliegt"! Und schauen Sie sich die mit unterschiedlichen Brennweiten entstehende Bildwirkung ruhig genau im Sucher an, bevor Sie sich für einen bestimmten Ausschnitt entscheiden.

Die Anordnung wichtiger Bildelemente außerhalb der Bildmitte – vorzugsweise in einem Bilddrittel – kann die Bildwirkung erheblich steigern.

Wenn direktes Sonnenlicht auf die Frontlinse trifft, kann sich ein milchiger Schleier übers Bild legen (oben). Mit ein wenig Aufmerksamkeit wird dies bereits im Sucher deutlich.
Bei entsprechender Abschattung des Objektivs ergibt sich einwandfreier Bildkontrast (unten).

Und noch etwas: Versuchen Sie, die unterschiedliche Perspektive auszuschöpfen, die sich aus einer Verbindung einer Brennweiten- mit einer Standortänderung ergibt. Solange Sie sich einfach irgendwo in der Landschaft aufbauen und nur versuchen, sich den Ausschnitt mit dem Brennweitenring zurechtzudrehen, verschenken Sie ein ganz wesentliches Element der Bildgestaltung. Denn von ein und demselben Standort ergeben unterschiedliche Brennweiten lediglich „optische Ausschnittvergrößerungen". Details werden kleiner oder größer abgebildet – das ist alles. Eine andere Perspektive entsteht nicht.

All das gilt natürlich in gleichem Maße für festbrennweitige Objektive. Lediglich haben Sie's bei einem Zoom bequemer, weil Sie – zumindest im vorgegebenen Brennweitenbereich – keine Objektive zu wechseln brauchen.

Hohe Lichtstärke ist kein Allheilmittel

Einige der Canon Zoomobjektive im mittleren Brennweitenbereich (um die Normalbrennweite) sind mit 1:3,5-4,5 relativ lichtstark, gemessen an dem, was in diesem Bereich „allgemein üblich" ist. Die Betonung liegt natürlich auf „relativ". Denn 1:4,5 bei – sagen wir – 85 mm ist noch immer nicht die Welt. Doch das ist der Preis für die enorme Kompaktheit moderner Normal-Zooms.

In der Hobbyfotografie kann man jedoch mit dieser Lichtstärke leben. Und so überwiegen die Vorteile dieser Objektive. Wenn Sie meinen, auf nur mäßige Lichtverhältnisse zu stoßen, können Sie natürlich die Lichtstärke Ihrer Objektive theoretisch erhöhen, indem Sie höherempfindlichen Film einsetzen. Gegenüber der Normalempfindlichkeit ISO 100/21° macht ein Film mit ISO 200/24° aus 1:4 bereits 1:2,8 und aus 1:5,6 immerhin noch 1:4. Setzen Sie gar hochempfindlichen Film mit ISO 400/27° ein, machen Sie aus dem Objektiv 1:4-5,6 ein solches 1:2-4! Doch bitte, theoretisch. Denn die *reale* Öffnung 1:2 oder was auch immer erhalten Sie damit nicht. Und nur diese würde die Vorteile geringer Schärfentiefe bringen und den selektiven Einsatz der Schärfe ge-

Mit lichtstarken Objektiven können Sie auch bei schwächerem Licht noch fotografieren bzw. Verschlusszeiten erzielen, die sich aus der Hand halten lassen.

statten. Andererseits würde hochempfindlicher Film Ihre Möglichkeiten so erweitern, als hätten Sie ein Objektiv dieser Lichtstärke (bei normalempfindlichem Film!) an der Kamera. Auf den einfachsten Nenner gebracht: Sie können auch bei schwächerem Licht noch fotografieren bzw. Verschlusszeiten erzielen, die sich aus der Hand halten lassen.

Sicher, Sie könnten mir entgegenhalten, dass Sie mit einem von Haus aus lichtstärkeren Objektiv durch den Einsatz hochempfindlichen Films eben *noch* länger fotografieren können. Stimmt. Doch man sollte auch die Nachteile der hohen Lichtstärke nicht übersehen: Ein hochlichtstarkes Objektiv erzeugt bei voller Öffnung nur noch minimale Schärfentiefe. Mit 1:1,4 oder gar 1:1,2 lassen sich nur noch Motive fotografieren, bei denen alle bildwichtige Information direkt um die Schärfenebene angeordnet ist. Schon bei der geringsten Tiefenstaffelung kann eine derartig große Öffnung nicht mehr zum Ziel führen – ein beträchtlicher Teil des Motivs würde aus der Schärfentiefe herausfallen und damit unscharf abgebildet.

Fazit: Lichtstärke ist kein Allheilmittel. Unter Umständen bringt Ihnen hohe Lichtstärke in der Praxis gar nichts, weil Sie sie bei einigermaßen in die Tiefe gestaffelten Motiven einfach nicht ausspielen können. Sie müssen allein wegen der erforderlichen Schärfentiefe abblenden. Mit anderen Worten, die große Öffnung hat nur Geld gekostet. In diesem Fall hilft allein hochempfindlicher Film weiter, der auch mit kleineren Öffnungen – oder gerade wegen ihnen – noch zum Ziel führt.

Wenn Ihre persönliche Art der Fotografie nach hoher Lichtstärke verlangt, dann sollten Sie vorwiegend (jedoch wohl nicht ausschließlich) zu festbrennweitigen Objektiven greifen, bei denen die Erzielung großer Öffnungen ungleich leichter ist als bei den Zooms. Erfreulicherweise gibt es in meiner begrenzten (Preis-)Liste Vertreter dieser Gattung in allen wichtigen Brennweiten bis 135 mm. Darüber hinausgehende Brennweiten bis 300 mm schaffen Sie – immer innerhalb unseres Preislimits – nur mit Zoomobjektiven.

Ein lichtstarkes Objektiv fängt auch bei schwächerem Licht noch imposante Szenen ein. Allerdings muss man sich stets vor Augen halten, dass eine große Öffnung (= hohe Lichtstärke) die Schärfentiefe auf einen eng begrenzten Raum beschränkt. Und damit sind großen Öffnungen bei in die Tiefe gestaffelten Motiven enge Grenzen gesetzt.

Die wichtigsten Canon Zoomobjektive für die EOS 300V

Die meisten der aktuellen und preislich in großen Zügen zur EOS 300V passenden EF-Zoomobjektive sind in zwei Ausführungen erhältlich: einer mit Gleichstrom-Mikromotor (die DC-Version) und einer mit Ultraschallmotor (die USM-Version). Die erstere bietet besonders preisbewussten Käufern eine Alternative zum USM.

Bis zum Superweitwinkel stößt das **EF 1:3,5-4,5/24-85 mm USM** vor, das sich anbietet, wenn der gesamte Bereich von 24 mm bis zum „kleinen Tele" mit einem einzigen Objektiv abgedeckt werden soll. Die aufwendige Optik mit einer asphärischen Linse garantiert hohe Bildschärfe über den gesamten Brennweitenbereich. Innenfokussierung führt zu einem starren Objektivtubus auch bei der Fokussierung, was den Einsatz zum Beispiel eines Polfilters begünstigt.

Mit dem **EF 1:4-5,6/28-90 mm II (USM)** stellt Canon ein preisgünstiges Universalobjektive bereit, das an den früheren Standard 28-80 mm anknüpft. Beachtlich sind das geringe Gewicht und der größte Abbildungsmaßstab von etwa 1:3. In der Grundausrüstung wird die EOS 300V mit der DC-Version dieses Objektivs geliefert.

Das EF 1:4-5,6/28-90 mm II als Universalobjektiv erfasst einen wichtigen Brennweitenbereich und erschließt durch die kurze Naheinstellgrenze auch den Nahbereich.

Mit dem „kleinen Tele", wie es zum Beispiel im „Normal-Zoom" der EOS 300V mit 90 mm enthalten ist, gewinnt man bereits so viel Abstand zum Motiv, dass auch unbemerkte Schnappschüsse in den Bereich des Möglichen rücken.

Das **EF 1:3,5-4,5/28-105 mm II USM** kam als relativ lichtstarkes Universal-Zoom mit erweitertem Brennweitenbereich auf den Markt, dessen aufwendige Konstruktion aus 15 Linsen sich unübersehbar auch im Preis niederschlägt. Bei der Brennweiteneinstellung wird jedes einzelne der fünf Zoom-Glieder verschoben. Zweigliedrige Innenfokussierung verbindet schnelle, leise Scharfeinstellung mit konstant hoher Abbildungsleistung über den gesamten Einstellbereich. Die Naheinstellgrenze liegt bei allen Brennweiten bei 0,5 m.

Als Neuerscheinungen, die zusammen mit der EOS 300V vorgestellt wurden, schließen sich zwei wesentlich preisgünstigere **EF 1:4-5,6/28-105 mm (USM)** an, die durch ihre bescheidenere Lichtstärke und eine asphärische Linse durch besonders kompakte Konstruktion und ein Gewicht von nur 200 g bestechen. Damit werden sie zu einer attraktiven Alternative für die Grundausstattung der EOS 300V.

Als „universellstes" der „Universalobjektive" präsentiert sich das **EF 1:3,5-5,6/28-200 mm**, das gerade die Grenze unseres selbstgesteckten Preisrahmens erreicht, dafür aber selbst bei anspruchsvoller Fotografie für alle normalen Aufgaben jeden Objektivwechsel überflüssig macht. Mit 16, zum Teil asphärischen Lin-

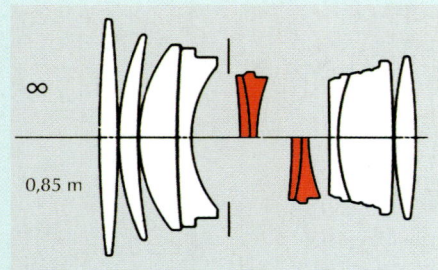

∞

0,85 m

Innenfokussierung für schlanke Bauweise

Zur Scharfeinstellung wird das optische System eines Objektivs von der Filmebene weggerückt. Damit verlängert sich bei der herkömmlichen Konstruktion der Auszug, der Objektivtubus. Bei längeren Brennweiten und hoher Lichtstärke wirft dies beträchtliche Probleme auf, denn es müssen große Massen verschoben werden – der Schwerpunkt der Ausrüstung verlagert sich spürbar mit der Fokussierung, die erforderliche Mechanik ist ausgesprochen voluminös, und sehr kurze Naheinstellgrenzen werden unmöglich.
Bis Canon auf den Gedanken kam, die ganze Angelegenheit »intern« zu erledigen, durch Verschiebung eines relativ leichten Objektivglieds im Innern des Systems. Und nun wurde der Weg frei für schlanke Konstruktionen, bei denen nur noch das Vorderglied den für hohe Lichtstärke erforderlichen, großen Durchmesser haben muss. Der Objektivtubus bleibt während der Fokussierung starr, jede Verlagerung des Schwerpunkts entfällt. Als zusätzlichen Bonus lassen sich wesentlich kürzere Naheinstellgrenzen erzielen als zuvor, und auch die Nahbereichsleistung wird verbessert.

sen erzielt das System trotz des enorm großen Brennweitenbereichs ausgezeichnete Leistung. Beachtlich ist seine Naheinstellgrenze von nur 0,45 m, die bei längster Brennweite zum größten Abbildungsmaßstab 1:3,5 führt.

Wiederum in doppelter Ausführung bieten sich die **EF 1:4-5,6/75-300 mm III (USM)** als vielseitige Tele-Zooms an, wobei die DC-Ausführung preislich sehr attraktiv ist. Ohne jeden Objektivwechsel ist der Liebhaber der Telefotografie damit jeder normalen Situation gewachsen, wird allerdings vorzugsweise hochempfindlichen Film einsetzen, damit die Verschlusszeit bei Freihandaufnahmen die Verwacklungsgrenze nicht unterschreitet. Bei 300 mm ergibt die erfreulich kurze Naheinstellgrenze von 1,5 m bereits Abbildungsmaßstab 1:4, was eine Fülle sonst nicht erreichbarer „Nahmotive" erschließt.

Wer leicht reisen möchte und sich mit der ungemein vielseitigen Telebrennweite 200 mm bescheidet, kann zum ebenso preisgünstigen wie kompakten EF 1:4,5-5,6/ 80-200 mm II greifen, das mit 250 g in der Fototasche kaum zu Buche schlägt. Sein Brennweitenbereich entspricht dem klassischen Tele-Zoom und macht das Objektiv zur idealen Ergänzung eines Normal-Zooms. Auch hier liegt die Naheinstellgrenze bei 1,5 m. Die Fokussierung erfolgt mit einem Mikromotor.

Gleichfalls zusammen mit der EOS 300V stellte Canon das Geschwisterpaar EF 1:4,5-5,6/90-300 mm (USM) vor, das den lückenlosen Anschluss an die neuen, erweiterten Normal-Zooms 28-90 mm herstellt. Beide Objektive zeichnen sich durch besonders attraktive Preise und hohe AF-Geschwindigkeit aus. Die äußerst kompakte Konstruktion bringt nur 420 g auf die Waage. Die Naheinstellgrenze 1,5 m ergibt bei 300 mm bereits Abbildungsmaßstab 1:4. Auch diese Objektive wird man vorzugsweise mit hochempfindlichem Film einsetzen, um die „Blende 5,6" bei längster Brennweite aufzubessern. Sieben Blendenlamellen erzeugen eine fast kreisrunde Blendenöffnung, was zur harmonisch fließenden Darstellung im Unschärfenbereich führt.

Erst mit Brennweiten um oder über 200 mm sind Sie beim Schnappschießen so richtig im Geschäft.

Die wichtigsten festbrennweitigen EF-Objektive für die EOS 300V

Bei der mittleren Weitwinkelbrennweite 28 mm – goldrichtig für die Hobbyfotografie – beginnt das EF-Objektivangebot im Rahmen unseres Preislimits. Das **EF 1:2,8/28 mm** ist mit einem Bogenmotor AFD ausgerüstet, der das leichte optische System mit hoher Geschwindigkeit fokussiert. Das nur 185 g schwere Objektiv hat eine asphärische Linse, die einen relativ einfachen Aufbau aus fünf einzelnstehenden Linsen ermöglicht. So ergeben sich gestochene Schärfe und hoher Kontrast. Sehr hohe Verzeichnungsfreiheit prädestiniert das Objektiv für die Architekturfotografie.

Bei 35 mm bietet sich eine echte Lichtstärkenalternative zu den Zoomobjektiven. Das **EF 1:2/35 mm** kann für Fotografen, die zu einer leicht kürzeren Brennweite tendieren, zum Normalobjektiv werden. Das nur 210 g schwere Objektiv ist eine Neurechnung, die trotz der beachtlichen Lichtstärke mit sieben Linsen in fünf Gliedern auskommt. Seine Streulichtanfälligkeit ist außerordentlich gering, die Randschärfe hervorragend. Auch dieses Objektiv ist mit einem Bogenmotor AFD ausgerüstet.

Bei der klassischen Normalbrennweite 50 mm haben Sie die Wahl zwischen zwei Objektiven, deren Lichtstärke nur eine halbe Blendenstufe auseinanderliegt. Das **EF 1:1,4/50 mm USM** ist den Zoomobjektiven in Bezug auf Lichtstärke natürlich haushoch überlegen. Allerdings kostet dieser Aufwand Geld. Die optische Leistung des Systems ist dank seines Aufbaus als symmetrischer Gauß-Typ mit zwei Linsen aus hochbrechenden Gläsern hervorragend.

Und dann ist da das **EF 1:1,8/50 mm II** mit seiner nur um eine halbe Blendenstufe geringeren Lichtstärke. Mit einem Gewicht von 130 g ist es das leichteste EF-Objektiv überhaupt. Und es kostet gerade einmal ein Viertel seines „großen Bruders"! Seine optische Leistung ist nicht ganz so hoch wie die des 1:1,4, doch noch immer hervorragend. Mit Lichtstärke 1:1,8 kann es zum echten „Notnagel" werden, wenn mit einem Zoomobjektiv – dessen Lichtstärke bei dieser Brennweite eher bei 1:4 liegt – wirklich nichts mehr geht.

Eine längere Brennweite schafft nicht nur Abstand, der dem Fotografen ein gewisses „Im-Trüben-fischen" erlaubt, sie führt auch zu einer deutlichen Verdichtung der Aussage und damit gesteigerter Bildwirkung.

Ein auf besonders hohe Abbildungsleistung getrimmtes Objektiv mit hoher Bildfeldebnung ist das **Kompakt-Makro EF 1:2,5/50 mm**. Und darunter versteht man folgendes: Normale fotografische Aufnahmeobjektive entwerfen ein scharfes Bild nicht in einer strengen Ebene, sondern in einer (gekrümmten) Bildschale. Für die bildmäßige Fotografie ist dies ohne Bedeutung. Fotografieren Sie jedoch

Gegenlicht bringt auch hier wieder die Blütenblätter zum Leuchten. Ein Bienchen als Zugabe, und die Aufnahme ist im Kasten.

zweidimensionale Vorlagen – Bilder, Zeichnungen, Dokumente und so weiter – aus kurzem Abstand, dann wird die deutliche Randunschärfe sichtbar. Man kann niemals auf die Vorlage in ihrer Gesamtheit scharfstellen, sondern entweder nur auf die Mitte oder nur auf die Ränder.

Für derartige Aufgaben hat man deshalb Makro-Objektive entwickelt, deren Bildfeldwölbung hochgradig auskorrigiert ist. Es sind sogenannte Planobjektive, die auch weitgehend verzeichnungsfrei abbilden. Fotografieren Sie nämlich Objekte mit geraden Linien, wird eine Durchbiegung zum Rand äußerst störend sichtbar. Makro-Objektive zeichnen sich durch hohe Auflösung und Kontrastwiedergabe auf. Dabei ist das EF 1:2,5/50 mm durch Floating Elements auf gleichbleibend hohe Leistung im Fern- und Nahbereich ausgelegt. So eignet es sich mit seiner größten Öffnung 1:2,5 als universell einsetzbares Normalobjektiv, das sich stufenlos bis auf 1:2 – das heißt, Abbildung in halber natürlicher Größe – fokussieren lässt.

Diagonalen sind lediglich eine Folge des gewählten Standorts. Sie ergeben sich allein aus seitlicher Aufstellung. Im Bild jedoch erzeugen sie unübersehbare Tiefe.

Mit dem speziellen 1:1-Konverter EF, der ausschließlich zur Verwendung mit diesem Objektiv bestimmt ist, wird die stufenlose Fokussierung vom Maßstab 1:3,8 bis 1:1, das heißt bis zu natürli-

Der mit dem EF-Kompaktmakro 50 mm erzielbare, größte Abbildungsmaßstab 1:2 ist etwa die Grenze dessen, was sich mit viel Sorgfalt noch aus der Hand einsetzen lässt.

cher Größe, möglich. Das allerdings kostet Sie nochmals die Hälfte des Objektivs selbst, so dass Sie sich wahrscheinlich überlegen werden, ob Sie nicht auch mit Makro-Objektiv und Nahlinsen zum Ziel kommen.

Als letztes in unserer Reihe schließlich bietet das **EF 1:2,8/135 mm SF** eine Besonderheit: Es ist einmal ein völlig normales, scharfzeichnendes Objektiv der klassischen Telebrennweite, gestattet jedoch zum anderen die Einführung von Weichzeichnung in zwei Stufen. Weichzeichnung ist Geschmackssache. Wer jedoch Gefallen daran findet, wir diese Doppelgleisigkeit des EF 135 mm begrüßen. Die wichtigste Voraussetzung für den Einsatz der Weichzeichnung ist reichlich Licht. Lichtdurchflutete Motive werden mit weichen Lichtsäumen umzogen und erhalten einen Hauch Romantik. Dabei ist die Stärke der Weichzeichnung beim EF 135 mm nicht nur von der gewählten Stufe abhängig, sondern auch von der Arbeitsblende.

Das Objektiv ist mit einem Bogenmotor AFD ausgerüstet und besitzt eine asphärische Linse. Dank seiner Brennweite eignet es sich für eine Vielzahl von Motiven, vom Porträt über Schnappschüsse bis zur Landschaftsfotografie. Die für 135 mm mittlere Lichtstärke 1:2,8 hebt sich noch immer recht deutlich von jener ab, die Zoomobjektive bei dieser Brennweite bieten.

Das EF 135 mm SF erlaubt die gezielte Einführung sphärischer Aberration und damit Weichzeichnung. Dabei lässt es sich mit einer Handbewegung in einen hervorragenden Scharfzeichner 135 mm verwandeln.

Ein echter Knüller: der Canon Bildstabilisator

Eine Canon Spezialität möchte ich Ihnen nicht vorenthalten, wenngleich Sie dafür etwas tiefer in die Tasche greifen müssen als wir es uns eigentlich vorgenommen hatten. Aber diese Technik ist so faszinierend, dass ich Ihnen wenigstens eines der inzwischen verfügbaren Canon EF-Objektive mit Bildstabilisator vorstellen möchte, das preislich vielleicht gerade noch für die EOS 300V in Frage kommt.

Das **EF 1:3,5-5,6/28-135 mm IS USM** ist zunächst einmal ein – nun, man kann es nicht anders sagen – Universalobjektiv für die EOS 300V, denn vom mittleren Weitwinkel bis zur klassischen Telebrennweite reicht sein Angebot. Dabei hängt es nicht als lästiger Glasklotz an der Kamera, sondern passt sich dem leichten und handlichen Kameragehäuse trotz des großen Frontlinsendurchmessers (Filtergewinde 72 mm) griffig an.

Mit diesem Brennweitenbereich sind Sie in der normalen Hobbyfotografie bestens bedient. Die Lichtstärke bewegt sich im Rahmen des bei derartigen Objektiven Üblichen. Doch wenn Sie mei-

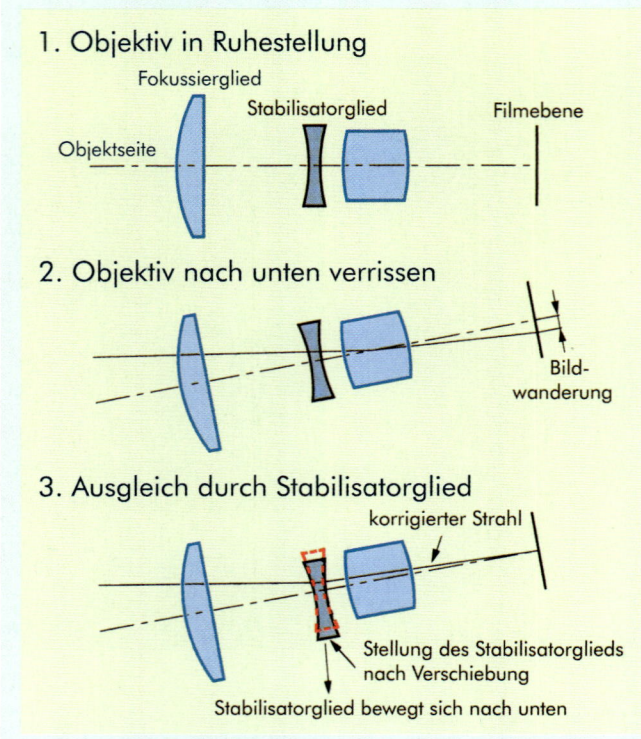

1. Objektiv in Ruhestellung

Fokussierglied

Stabilisatorglied

Filmebene

Objektseite

2. Objektiv nach unten verrissen

Bild-
wanderung

3. Ausgleich durch Stabilisatorglied

korrigierter Strahl

Stellung des Stabilisatorglieds
nach Verschiebung

Stabilisatorglied bewegt sich nach unten

Prinzip der Bildstabilisation mit dem von Canon entwickelten (optischen!) Bildstabilisator

nen, Sie hätten bei Freihandaufnahmen bei längster Brennweite mit längeren Zeiten als 1/125 s absolut keine Chance mehr, dann haben Sie sich getäuscht. Denn dieses Objektiv ist mit einem optischen Bildstabilisator ausgerüstet. (Und lassen Sie sich nicht einreden, es wäre ein „elektronischer", selbst wenn Sie das zuweilen sogar in der Fachpresse lesen können! Bei einem elektronischen IS, um das englische Kürzel für „Image Stabilizer" zu gebrauchen, muss das Bild auf einem Chip entstehen. Doch wo – bitte schön – entsteht das Bild in Ihrer EOS 300V? Richtig, in der Kamera, auf dem Film. Schließlich ist sie keine Video- oder Digitalkamera.)

Der IS des EF 28-135 mm besteht aus einem (optischen) Objektivglied, das im Strahlengang entsprechend verschoben wird, um die durch Verwackeln verursachte Bildwanderung in der Filmebene auszugleichen. Mit anderen Worten, der Zielstrahl wird so abgelenkt, dass er am ursprünglichen Ort des Bildpunktes bleibt. Und damit wäre die Verwacklungsunschärfe neutralisiert.

In der Praxis gleicht dies der Hexerei. Denn wenn Sie bei 135 mm die Öffnung 1:5,6 noch viel zu klein finden, um damit unverwackelt aus der Hand zu fotografieren, brauchen Sie nicht aufzu-

Technische Daten der Canon EF-Objektive

Bezeichnung	Bildwinkel diagonal	Optischer Aufbau (Linsen/ Glieder)	Kleinste Blende	Nahein- stell- Grenze (m)	Größter Abbildungs- maßstab	Fokussier- motor	Filter- Durch- messer (mm)	Max. Durchmes- ser x Baulänge (mm)	Gewicht (g)
EF 15 mm 1:2,8 Fischauge	180°	8 - 7	22	0,20	1:7,1	AFD	FF	73 x 62,2	330
EF 14 mm 1:2,8 L USM	114°	14 - 10	22	0,25	1:10	USM*1	FF	77 x 89	560
EF 20 mm 1:2,8 USM	94°	11 - 9	22	0,25	1:7,1	USM	72	77,5 x 70,6	405
EF 24 mm 1:1,4 L USM	84°	11 - 9	22	0,25	1:6,3	USM*1	77	83,5x77,4	550
EF 24 mm 1:2,8	84°	10 - 10	22	0,25	1:6,3	AFD	58	67,5 x 48,5	270
EF 28 mm 1:1,8 USM	75°	10 - 9	22	0,25	1:5,6	USM*1	58	73,6 x 55,6	310
EF 28 mm 1:2,8	75°	5 - 5	22	0,25	1:7,7	AFD	52	67,4x42,5	185
EF 35 mm 1:1,4 L USM	63°	11 - 9	22	0,25	1:5,6	USM*1	72	79x86	580
EF 35 mm 1:2	63°	7 - 5	22	0,30	1:4,3	AFD	52	67,4x42,5	210
EF 50 mm 1:1,0 L USM	46°	11 - 9	16	0,60	1:9,1	USM	72	91,5x81,5	985
EF 50 mm 1:1,4 USM	46°	7 - 6	22	0,45	1:6,7	Mikro-USM*1	58	73,8x50,5	290
EF 50 mm 1:1,8 II	46°	6 - 5	22	0,45	1:6,7	MM*1	52	68,2x41	130
EF 50 mm 1:2,5 (Kompaktmakro)	46°	9 - 8	32	0,23	1:2	AFD	52	67,6x63	280
1:1-Konverter EF (nur für Makro 50 mm)	-	4 - 3	-	0,24 - 0,42	1:1	-	-	67,6x34,9	160
EF 85 mm 1:1,2 L USM	28°30'	8 - 7	16	0,95	1:9,1	USM	72	91,5x84	1.025
EF 85 mm 1:1,8 USM	28°30'	9 - 7	22	0,85	1:7,7	USM*1	58	75x71,5	425
EF 100 mm 1:2 USM	24°	8 - 6	22	0,90	1:7,1	USM*1	58	75x73,5	460
EF 100 mm 1:2,8 Makro USM	24°	12 - 8	32	0,31	1:1	USM	58	79x119	600
EF 135 mm 1:2 L USM	18°	10 - 8	32	0,90	1:5,3	USM*1	72	82,5x112	750
EF 135 mm 1:2,8 (mit Softfocus)	18°	7 - 6	32	1,30	1:8,3	AFD	52	69,2x98,4	390
EF 180 mm 1:3,5 L USM Makro	13°40'	14 - 12	32	0,48	1:1	USM*1	72	82,5x186,6	1.090
EF 200 1:1,8 L USM	12°	12 - 10	32	2,50	1:11,1	USM	48 StF	130x208	3.000
EF 200 mm 1:2,8 L II USM	12°	9 - 7	32	1,50	1:6,3	USM*1	72	83,2x136	765
EF 300 mm 1:2,8 L IS USM	8°15'	17 - 13	32	2,50	1:7,7	USM	52 StF	128x252	2.550*5
EF 300 mm 1:4 L IS USM	8°15'	15 - 11	32	1,50	1:4,2	USM*1	77	90x221	1.190
EF 400 mm 1:2,8 L IS USM	6°10'	17 - 13	32	3,00	1:6,6	USM	52 StF	163x349	5.200
EF 400 mm 1:5,6 USM	8°15'	7 - 6	32	3,50	1:8,3	USM*1	77	90x256	1.250
EF 500 mm 1:4 L IS USM	5°	17 - 13	32	4,50	1:8,3	USM	52 StF	146x387	3.870
EF 600 mm 1:4 L IS USM	4°10'	17 - 13	32	5,50	1:8,3	USM	52 StF	168x456	5.360
EF 1200 mm 1:5,6 L USM	2°05'	13 - 10	32	14,00	1:11,1	USM	48 StF	228x836	16.500
EF 17-35 mm 1:2,8 L USM	104° - 63°	15 - 10	22	0,42	1:9,1 (bei 35 mm)	USM*1	77	83,5x95,7	545
EF 20-35 mm 1:3,5-4,5 USM	94° - 63°	12 - 11	27	0,34	1:7,7 (bei 35 mm)	USM*1	77	83,5x68,9	340
EF 22-55 mm 1:4-5,6 USM	90° - 43°	9 - 9	22 - 32	0,35	1:5 (bei 55 mm)	USM	58	66x59,4	175
EF 24-85 mm 1:3,5-4,5 USM	84° - 28°30'	15 - 12	22 - 32	0,50	1:6,3 (bei 85 mm)	USM*1	67	73x69,5	380
EF 28-70 mm 1:2,8 L USM	75° - 34°	16 - 11	22	0,50	1:5,6	USM*1	77	83,2x117,6	880
EF 28-80 mm 1:3,5-5,6 V USM	75° - 30°	10 - 10	22 - 38	0,38	1:3,8 (bei 80 mm)	Miko-USM	58	67x71	220
EF 28-80 mm 1:3,5-5,6 II	75° - 30°	10 - 10	22 - 38	0,38	1:3,8 (bei 80 mm)	MM*1	58	66x71,2	200
EF 28-90 mm 1:4-5,6 USM	75° - 27°	10 - 8	22 - 32	0,38	1:3,3 (bei 90 mm)	Miko-USM	58	67x71	190
EF 28-90 mm 1:4-5,6	75° - 27°	10 - 8	22 - 32	0,38	1:3,3 (bei 90 mm)	MM	58	67x71	180
EF 28-105 mm 1:3,5-4,5 II USM	75° - 23°30'	15 - 12	22 - 27	0,50	1:5,3 (bei 105 mm)	USM*1	58	72x75	200
EF 28-105 mm 1:3,5-4,5 II	75° - 23°30'	15 - 12	22 - 27	0,50	1:5,3 (bei 105 mm)	MM	58	72x75	200

Bezeichnung	Bildwinkel diagonal	Optischer Aufbau (Linsen/Glieder)	Kleinste Blende	Nahein-stell-Grenze (m)	Größter Abbildungs-maßstab	Fokussier-motor	Filter-Durch-messer (mm)	Max. Durchmes-ser x Baulänge (mm)	Gewicht (g)
EF 28-135 mm 1:3,5-5,6 IS USM	75° – 18°	16 – 12	22 – 36	0,50	1:5,3 (bei 135 mm)	USM*1	72	96,8x78,4	500
EF 28-200 mm 1:3,5-5,6	75° – 12°	16 – 12	22 – 36	0,45	1:3,5 (bei 200 mm)	MM	72	78,4x89,6	495
EF 35-350 mm 1:3,5-5,6 L USM	63° – 7°	21 – 15	22 – 32	0,60	1:4 (bei 135 mm)	USM*1	72	85x167	1.385
EF 55-200 mm 1:4,5-5,6 USM	43° – 12°	13 – 13	22 – 27	1,20	1:4,8 (bei 200 mm)	USM	52	70,4x97,3	310
EF 70-200 mm 1:2,8 L USM	34° – 12°	18 – 15	32 – 45	1,50	1:6,3 (bei 200 mm)	USM*1	77	84,6x193	1.310
EF 70-200 mm 1:4 L USM	34° – 12°	16 – 13	32	1,20	1:4,8 (bei 200 mm)	USM*1	67	76x172	710
EF 75-300 mm 1:4-5,6 IS USM	32°11' – 8°15'	15 – 10	32 – 45	1,50	1:3,8 (bei 300 mm)	Mikro-USM	58	78,5x138,2	650
EF 75-300 mm 1:4-5,6 III USM	32°11' – 8°15'	13 – 9	32 – 45	1,50	1:4 (bei 300 mm)	Mikro-USM	58	71x122	480
EF 75-300 mm 1:4-5,6 III	32°11' – 8°15'	13 – 9	32 – 45	1,50	1:4 (bei 300 mm)	MM*1	58	71x122	480
EF 80-200 mm 1: 4,5-5,6 II	30° – 12°	10 – 7	22 – 27	1,50	1:6,3 (bei 200 mm)	MM*1	52	69x78,5	250
EF 90-300 mm 1:4,5-5,6 USM	27° – 8°15'	10 – 9	38 – 45	1,50	1:4 (bei 300 mm)	USM	58	71x114,7	420
EF 90-300 mm 1:4,5-5,6	27° – 8°15'	10 – 9	38 – 45	1,50	1:4 (bei 300 mm)	MM	58	71x114,7	420
EF 100-300 mm 1:5,6 L	24° – 8°15'	15 – 10	32	1,40	1:5 (bei 300 mm)	USM*1	58	73x121,5	540
EF 100-300 mm 1:4,5-5,6 USM	24° – 8°15'	13 – 10	32 – 38	1,50	1:3,8 (bei 300 mm)	AFD	58	75x166,6	695
EF 100-400 mm 1:4,5-5,6 L IS USM	24° – 6°10'	17 – 14	32 – 38	1,80	1:5 (bei 400 mm)	USM*1	77	92x189	1.380
1-5fach MP-E 60 mm 1:2,8	18°40'	10 – 8	16	0,243-0,313*6	1:1 – 5:1	-	58	81x98	710
TS-E 24 mm 1:3,5 L	84° (ohne TS)*4	11 – 9	22	0,30	1:7,1	-	72	78x86,7	570
TS-E 45 mm 1:2,8	51° (ohne TS)*4	10 – 9	22	0,40	1:6,3	-	72	81x90,1	645
TS-E 90 mm 1:2,8	27° (ohne TS)*4	8 – 5	32	0,50	1:3,4	-	58	73,6x88	565
Extender EF 1,4fach	-	5 – 4	-	-	-	-	-	67,6 x 27,3	200
Exender EF 2fach	-	7 – 5	-	-	-	-	-	67,6 x 27,3	240
Zwischenring EF 12*2	-	-	-	-	-	-	-	66,5 x 12,3	66
Zwischenring EF 25*3	-	-	-	-	-	-	-	67,6x27,3	125

FF: Folienfilter   StF: Steckfilter

*1 Mechanische Fokussierung von Hand jederzeit möglich.

*2 Der Zwischenring EF 12 ist nicht mit den EF-Objektiven 14 mm 1:2,8 L, 15 mm 1:2,8, 50 mm 1:1,0 L und Objektiven einsetzbar, die keine manuelle Fokussierung gestatten.

*3 Der Zwischenring EF 25 ist nicht mit den EF-Objektiven 14 mm 1:2,8 L, 15 mm 1:2,8, 20 mm, 1:2,8, 24 mm 1:1,4 L, 50 mm 1:1,0 L, 17-35 mm 1:2,8 L bei Brennweite 17 mm, 20-35 mm 1:3,5-4,5 bei Brennweiteweite 20 mm, TS-E 45 mm 1:2,8 und Objektiven einsetzbar, die keine manuelle Fokussierung gestatten.

*4 Bildkreisdurchmesser 58,6 mm

*5 Ohne Stativsockel

*6 Einstellbereich

geben. Runde zwei Belichtungsstufen dürfen Sie gegenüber der nach unserer Regel geltenden Verwacklungsgrenze zugeben, ohne Unschärfe befürchten zu müssen. Und damit wird das 1:5,6/135 mm in der Praxis effektiv zum 1:2,8/135 mm! Es ist faszinierend, welche Extravaganzen Sie sich in Sachen Verschlusszeit bei langer Brennweite noch leisten können, ohne dass die Aufnahme unscharf wirkt. Damit erfüllt dieses Objektiv die Stoßgebete geplagter Fotografen, die allzu oft an eine Grenze stoßen.

Das Objektiv enthält eine asphärische Linse. Ein ringförmiger USM und Innenfokussierung führen zu schneller, leiser automatischer Scharfeinstellung. Der Objektivtubus bleibt bei der Fokussierung starr. Wie bei anderen Objektiven mit einem ringförmigen USM ist jederzeitige manuelle Fokussierung ohne Umschaltung auf MF möglich. Die Kraftübertragung erfolgt dabei rein mechanisch; Spannung wird hierbei nicht aufgenommen.

Eine bei jeder Brennweite nutzbare Naheinstellung verkürzt die Naheinstellgrenze auf 0,5 m. Bei 135 mm ergibt sich als größter Abbildungsmaßstab 1:5,26 – und damit kann man einiges anfangen!

Eine Reihe weiterer IS-Objektive gibt es im EF-Programm, doch liegen diese außerhalb des für die EOS 300 in Frage kommenden Preisrahmens.

Wichtiges Zubehör

Die Ausstattung der EOS 300V ist so komplett, dass nicht viel Zubehör übrig bleibt, wenn man einmal von den bereits behandelten Systemblitzgeräten absieht. Grund zur Freude für Sie, denn so brauchen Sie keine weiteren Mittel aufzuwenden und haben alles in einem handlichen, kleinen Paket. Wenn ich Urgroßmutters Bereitschaftstasche hier weglasse, so hat dies einen guten Grund: Da haben sich die Konstrukteure nun alle Mühe gegeben, die Kamera so zierlich wie möglich zu machen und direkt in Ihre Hände zu konstruieren – und dann wollen Sie sie mit so einem unhandlichen „Rucksack" vergewaltigen? Das sollten Sie sich nicht antun. Kaufen Sie sich lieber eine kleine Universaltasche, in der die Kamera entweder mit aufgesetztem Objektiv und ein paar Filmen Platz hat oder zusammen mit weiteren Objektiven. Hängen Sie sie zu den Aufnahmen am Schulterriemen um. Denn *so* hatten sich das die Konstrukteure letzten Endes vorgestellt.

Augenkorrektionslinsen E

Das Sucherokular der EOS 300V ist auf –1 dpt abgestimmt. Das heißt, solange Sie auf 1 m scharf sehen, können Sie problemlos mit der Kamera fotografieren. Sind Sie jedoch weit- oder kurzsichtig, dann müssen Sie eventuell die Brille zu Hilfe nehmen. Ohne Brille können Sie hingegen fotografieren, wenn Sie die Gummi-Augenmuschel abziehen und eine geeignete Augenkorrektionslinse auf die Fassung des Sucherokulars stecken. Zehn verschiedene Korrektionslinsen E gibt es. Beachten Sie, dass die Bezeichnung der Linsen der Stärke unter Berücksichtigung der Okularabstimmung auf –1 dpt entspricht. So hat eine mit „+2 dpt" gravierte Linse in Wirklichkeit +3 dpt. Am besten sollten Sie vor dem Kauf einen praktischen Versuch machen.

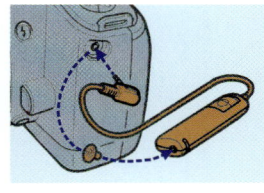

Auslösekabel RS-60E3
Die Zeiten des guten alten (und relativ billigen) Drahtauslösers sind vorbei. Schließlich sind wir heute „elektronisch"! Und so brauchen Sie zur erschütterungsfreien Auslösung einer auf einem Stativ oder einem Reprogestell angebrachten EOS 300V ein Auslösekabel. Das RS-60E3 wird an die Fernsteuerungsbuchse an der linken Kameraseite angeschlossen.

Winkelsucher C

In diesem praktischen Zubehör sind die Funktionen der früheren Einstelllupe S und des Winkelsuchers B vereint: Der Strahlengang wird durch ein Prisma um 90° abgelenkt, so dass sich ein bequemer Einblick entweder bei tiefen oder hohen Blickwinkeln bzw. bei Reproduktionen von einem Reprogestell ergibt. Das dargebotene Bild ist aufrechtstehend und seitenrichtig.

Mit einem Schieber kann die Vergrößerung, die normalerweise 1,25fach beträgt, auf 2,5fach umgeschaltet werden. Dann ist nur noch die Suchermitte überschaubar, so dass die Schärfenverhältnisse – zum Beispiel bei kritischen Nahaufnahmen – deutlicher sichtbar werden.

Das Okular lässt sich im Bereich von –5 bis +3 dpt der persönlichen Sehstärke anpassen. Die Austrittspupille liegt 19,5 mm hinter der Augenlinse, was Brillenträgern zugute kommt. Für diese kann die Gummi-Augenmuschel umgestülpt werden, so dass sich eine sichere Anlage für das Brillenglas ergibt. Der Winkelsucher ist mit Rastungen bei jeweils 45° drehbar. Er wird mit zwei verschiedenen Adaptern geliefert und kann damit an jede EOS-Kamera angesetzt werden.

Sucheradapter EP-EX15

Dieser verlegt die Austrittspupille des Sucherokulars um 15 mm weiter nach hinten, was Brillenträgern den Einblick erleichtern kann. Allerdings verkleinert sich dabei das Sucherbild. Es erscheint dann mit 0,5facher Vergrößerung.

Nahlinsen

Mit geringstem Aufwand ermöglichen Nahlinsen den Einstieg in die Nahfotografie. Sie werden einfach in das Filtergewinde des Objektivs eingeschraubt und verkürzen die Einstellentfernung. Da sie wie eine Nahbrille funktionieren, ist eine Fokussierung auf unendlich dann natürlich nicht mehr möglich und auch nicht erforderlich. Dabei schlucken sie kein Licht und ändern auch ansonsten nichts am gewohnten Aufnahmevorgang. Das macht ihren Einsatz so unproblematisch. Auch in der Universaltasche beanspruchen sie kaum Platz.

Canon liefert die Linse 250D mit Durchmessern von 52 mm und 58 mm, die Linsen 500 und 500D zusätzlich mit den Durchmessern 72 mm und 77 mm. Die Bezeichnungen stehen für den resultierenden Aufnahmeabstand in Millimetern. Die mit „D" gekennzeichneten Ausführungen sind hochkorrigierte, zweilinsige Vorsatzachromate, die zu einer spürbaren Verbesserung der Abbildungsleistung im Nahbereich führen. Bei ihnen reicht bereits mittlere Abblendung, während man bei einfachen Nahlinsen möglichst bis 11 oder 16 abblenden wird. Die 250D ist für Brennweiten von 35 mm bis 135 mm bestimmt, die 500 bzw. 500D für solche von 70 mm bis 300 mm. Eine Kombination mehrerer Linsen sollten Sie vermeiden, denn das zusätzliche Gewicht würde den Fokussiermotor strapazieren.

Aufnahmefilter

Nur wenige Filter werden Sie für die normale Hobbyfotografie brauchen. Generell ist beim Einsatz von Filtern ein wenig Vorsicht am Platze, denn schließlich bauen Sie damit in vorgeschobener Stellung zwei zusätzliche Glas-Luft-Flächen auf. Und selbst wenn die modernen Canon Filter mehrschichtenvergütet sind, können diese beiden Flächen die Streulichtanfälligkeit des Systems erhöhen. Achten Sie deshalb im Sucher darauf, ob sich eventuell ein Schleier über das Bild legt, wenn das Objektiv nicht genügend abgeschattet ist. Dieser würde den Kontrast verderben; die Aufnahme wäre nicht mehr „ansehnlich". Zum Glück sehen Sie ein solches Missgeschick bereits im Sucher – wenn Sie bei der Aufnahme darauf achten! Und dann können Sie sich nach einen Standort umschauen, bei dem das Objektiv im Schatten liegt. Wenn alle Stränge reißen, können Sie versuchen, ausnahmsweise einmal mit einer Hand zu fotografieren und das Objektiv mit der Linken abzuschatten. Aufpassen müssen Sie dabei jedoch, dass die Hand wirklich nur Schatten spendet und nicht sichtbar wird.

Ohne Polfilter (oben) ist der Kontrast höher, das Meer glitzert, und der Himmel bleibt praktisch ohne Zeichnung.
Mit Polfilter (unten) kommt Zeichnung in den Himmel, das Meer wird dunkelblau, und die Eigenfarbe der Blumen im Vordergrund wird angehoben. Die Verringerung des Gesamtkontrastes äußert sich auch in der Aufhellung der Säule.

Ein echter – wenngleich nicht gerade billiger – Tausendsassa ist das **Polarisationsfilter**, in der Praxis kurz „Polfilter" genannt. Zunächst einmal muss es für Ihre EOS 300V ein *Zirkular*-Polfilter sein, das sich durch strahlenteilende Flächen wie teildurchlässige Spiegel nicht irritieren lässt. Es ist ein reiner Spezialist, der sich nicht zum ständigen Verbleib auf dem Objektiv eignet.

Die Wirkung des Polfilters in der Farbfotografie ist frappierend: Es lässt sich in seiner Fassung drehen, und im Reflexsucher kann man den Effekt der Reflexlöschung nicht nur gut beurteilen, sondern auch dosieren. Das Polfilter wischt – etwa im rechten Winkel zur Lichtrichtung – den auf allen nichtmetallischen Gegenständen liegenden „Grauschleier" weg und bringt die Eigenfarben hervor. Blauer Himmel wird je nach den atmosphärischen Verhältnissen zum Teil dramatisch nachgedunkelt, weiße Wolken setzen sich bildwirksam dagegen ab. Im Hochgebirge kann die volle Nutzung des Effekts bereits zur Überfilterung führen; dann kippen die Farben, und Pflanzengrün wird giftig. Deshalb ist es ratsam, den Effekt im Sucher sorgfältig zu dosieren und nicht unbedingt voll auszureizen.

Glasflächen können bei günstigem Aufnahmewinkel buchstäblich weggezaubert oder die Reflexe in ihnen deutlich gemildert werden. Auch hier muss die Bildabsicht über die Dosierung des Effekts entscheiden, denn plötzlich „glaslose" Fenster, zum Beispiel, können entstellend wirken. Glitzernde Wasserflächen lassen sich wirkungsvoll dämpfen, sollten jedoch nicht durch völlige Löschung ins Gegenteil verkehrt werden. Generell vermag das Polfilter Kontraste zu mildern – die Aufnahme wirkt ausgewogener, der Film kann den verbleibenden Kontrast besser verarbeiten. Ein Dunstschleier in der Ferne wird weitgehend aufgehoben.

Mit Rücken- oder Gegenlicht bleibt das Polfilter praktisch wirkungslos und schluckt lediglich Licht – in großen Zügen eine Blendenstufe. Die EOS 300V lässt sich von diesem Lichtverlust jedoch nicht beeindrucken, denn sie erfasst nur das hinten ankommende Licht und stimmt die Belichtung automatisch auf dieses ab.

Im Normalfall ständig auf dem Objektiv verbleiben kann ein **UV-Sperrfilter** (UVa), das die Dunstdurchdringung in der Ferne fördert und durch völlige Aussperrung von Ultraviolettstrahlung einem Blaustich entgegenwirkt. Es ist farblos und schluckt kein Licht. Wichtig ist seine Schutzfunktion: Es schützt die Frontlinse des Objektivs vor Spritzern und mechanischer Einwirkung. Ein UVa-Filter dürfen Sie ruhig einmal öfter (vorsichtig) putzen. Bei der Frontlinse des Objektivs ist Zurückhaltung angebracht, denn häufiges und zu unvorsichtiges Putzen kann zu Kratzern führen.

Bei Nachtaufnahmen mit hellen Lichtquellen im Bild verzichten sie besser auf jedes Filter, denn es könnte zu Reflexen der Lichtquellen führen. Wenn Sie bei direktem oder seitlichem Gegenlicht Streulicht bemerken, kann es sich empfehlen, das Filter gezielt abzunehmen.

Ein Verwandter des UVa-Filters ist das **Skylight-Filter**. Es absorbiert zunächst UV-Strahlung, ist jedoch zusätzlich leicht rötlich eingefärbt. Dadurch kann es tiefblaue Schatten „aufwärmen", gegebenenfalls auch eine trübe Stimmung etwas aufbessern. Bei reinweißen Flächen im Vordergrund ist jedoch Vorsicht angebracht, weil die rötliche Färbung dann bereits störend sichtbar werden kann. Der Empfehlung, das Skylight-Filter als Frontlinsenschutz ständig auf dem Objektiv zu belassen, kann ich mich nicht anschließen. Denn wer möchte seine Aufnahmen ständig und grundsätzlich farbfiltern? Das käme bestenfalls dann in Frage, wenn ausgerechnet Ihr Lieblingsfilm eine leichte Blautendenz haben sollte.

Die Brücke zur digitalen Fotografie

Haben Sie sich je gefragt, ob Sie eigentlich richtig liegen mit dem Kauf einer analogen – also zur Verwendung von Film bestimmten – Kamera? Oder hätten Sie lieber gleich eine Digitalkamera kaufen sollen?

Entspannen Sie – Sie haben nichts verschenkt! Denn noch ist Film das vielseitigste Speichermedium mit der höchsten Auflösung, und eine so reichhaltig ausgestattete, hochwertige Spiegelreflexkamera wie die EOS 300V ist digital zu diesem Preis noch nicht denkbar. Doch heißt das, Sie müssten auf die unbestrittenen Vorzüge der digitalen Fotografie in so manch anderer Hinsicht verzichten? Durchaus nicht.

Das Filmbild ist und bleibt nämlich der ideale Ausgangspunkt für Ihre Bilder. Filme sind vergleichsweise billig, und Sie können bequem einen reichlichen Vorrat davon einstecken, ohne gleich Ihr Sparkonto zu plündern. Sobald sie entwickelt sind, lässt sich leicht der Anschluss an die Digitaltechnik finden. Diese Brücke schlägt

Innerhalb von Sekunden digitalisiert der CanoScan FS4000US Ihre Dias oder Negative – und schon stehen Ihnen die fast grenzenlosen Möglichkeiten der digitalen Bildbearbeitung zur Verfügung

ein Filmscanner, wie zum Beispiel der CanoScan FS4000US. Innerhalb von Sekunden digitalisiert er Ihre Dias oder Negative – und schon stehen Ihnen die fast grenzenlosen Möglichkeiten der digitalen Bildbearbeitung, der Speicherung auf Festplatte oder CD-ROM oder des Fotoausdrucks offen.

Logischerweise setzt dieses „Umsteigen" das Vorhandensein eines Computers und ein entsprechendes Grundwissen voraus. Doch ohne dieses geht es digital nun einmal nicht – ob Sie digital oder analog fotografieren, spielt dabei absolut keine Rolle. Womit Sie bei Nutzung aller auch heute noch bestehenden Vorteile der analogen Fotografie vollen Anschluss an die Digitalfotografie gefunden hätten, ohne sich einen Weg zu verbauen. Sie fahren gewissermaßen zweigleisig und nutzen eine gute Mischung der Vorteile beider Verfahren.

Ungeahnte Bearbeitungsmöglichkeiten

Sobald Ihre Aufnahmen – sei es von Negativen oder Farbdiapositiven – gescannt sind, also in digitaler Form vorliegen, eröffnen sich plötzlich ungeahnte Möglichkeiten für die Einflussnahme auf das Endergebnis. Doch verstehen Sie jene „Bearbeitung" bitte nicht falsch. Als „digitaler Neuling" mag man sich darunter die Verfälschung oder Manipulation des Bildes, vielleicht im Sinne einer Fotomontage, vorstellen. Natürlich ist diese digital im weitesten Sinne möglich, doch in der ersten Stufe viel reizvoller ist die Möglichkeit der *fotografischen* Aufbereitung der Bilder.

Sie stellen am fertigen Bild fest, dass Sie wieder mal „geschielt", die Kamera nicht ganz gerade gehalten haben und der Kirchturm zu jenem Bauwerk in Pisa in Konkurrenz tritt? Kein Problem. Drehen Sie das Bild ganz einfach, bis es kerzengerade steht.

Sie merken, dass etwas weniger Umfeld oder ein anderer Ausschnitt die Bildwirkung merklich verbessern könnte? Dann legen Sie einfach einen neuen Bildausschnitt fest und schneiden den Rest digital ab.

Die Aufnahme ist ein wenig knapp belichtet, und etwas mehr „Licht" täte ihr gut? Digital ist das ebensowenig ein Problem wie der umgekehrte Fall. Erst wenn Details überhaupt keine Zeichnung mehr aufweisen, sind Sie natürlich auch mit Ihrem Digital-Latein am Ende. Denn wo nichts ist, können Sie nichts verstärken oder abschwächen.

Mit einem preiswerten Flachbild-Scanner von Canon können Sie Ihre Papierabzüge digitalisieren und die Vorteile der digitalen Bildbearbeitung nützen. Die meist als Unikat vorliegenden Bilder aus dem Familien-Album können Sie ohne große Mühe „restaurieren" und als Kopie an die ganze Familie verteilen.

Die Kontraste im Bild prallen hart aufeinander. Auch das können Sie in recht weiten Grenzen steuern, die Aufnahme weicher machen – oder auch härter, wenn es sein muss.

Trübes Wetter lässt Ihre Bilder recht „traurig" aussehen? Nun, dann hellen Sie sie zunächst etwas auf und heben die Farben an, bis die Szene weitaus freundlicher aussieht.

Überhaupt lässt sich nicht nur einem eventuellen Farbstich wirksam entgegenarbeiten, sondern die Farbstimmung auch ganz selektiv beeinflussen. Und damit können Sie Ihre Aufnahmen ganz generell „auf Hochglanz" bringen.

Digitale Zauberei

All das klingt einem Hobbyfotografen, der gewöhnt war, die Dinge so zu nehmen, wie sie sich im Negativ oder Dia darstellen, schlicht nach Zauberei. Dabei ist diese Einschätzung jedoch durchaus realistisch. Denn diese digitalen Einflussmöglichkeiten grenzen, gemessen am bisher Möglichen, tatsächlich an Zauberei. Und was brauchen Sie für derlei Magie? Einen Computer natürlich und ein vernünftiges Bildbearbeitungsprogramm. Die meisten digitalen Peripheriegeräte bringen heute bereits irgend eine Form eines solchen Programms mit, wenngleich sich sicher der Griff nach einem „ausgewachsenen" Bearbeitungsprogramm lohnt. An erster Stelle steht hierbei wohl unumstritten Adobe Photoshop, von dem Sie sich ja nicht unbedingt die allerneueste Fassung kaufen müssen. Wie einfach sich digitale Bilder damit zunächst im fotografischen Sinne aufwerten lassen, sollen einige konkrete Bearbeitungsschritte kurz andeuten.

Mit wenigen Handgriffen zu besseren Bildern

Keine Angst, Sie brauchen weder ein Computer-Freak zu sein, noch ein Meister fotografischer Handwerkskunst! Ein wenig ganz normale Erfahrung im Umgang mit einem Computer reicht völlig aus. Mit Photoshop geht es im Handumdrehen:

Öffnen Sie das Bild wie jede andere Datei auch. Sollte es eine Hochaufnahme sein, drehen Sie es über *Bild, Arbeitsfläche drehen* und, zum Beispiel, *90° im Uhrzeigersinn*. Gezielte Korrekturen, beispielsweise eines schiefen Horizonts oder Gebäudes, lassen sich über *Per Eingabe* auf den Bruchteil eines Grades genau eingeben.

Dann blenden Sie mit *Strg+l* die Tonwertkurve ein. Sollten deren Ausschläge nicht die ganze Breite abdecken, verstellen Sie den linken Schieber darunter (für die Schatten) bis zum Beginn des Ausschlags nach rechts, den rechten (für die Lichter) nach links. Bildhelligkeit und –kontrast stellen Sie mit dem mittleren Schieber nach Augeneindruck optimal ein. *OK* führt dann zur Spreizung der Kurve über den vollen Bereich.

Mit *Strg+m* blenden Sie nun die Gradationskurve ein. Deren oberer Teil verkörpert die Lichter, der untere die Schatten usw. Oft lesen Sie die Empfehlung, die Kurve oben (durch Anfassen mit dem Cursor und Ziehen) ein wenig nach oben zu verbiegen, im unteren Teil hingegen nach unten. Dies macht die Aufnahme „knackiger" und erhöht den Kontrast. Wie sich dies auf das Bild auswirkt, sehen Sie sofort auf dem Monitor, können also ganz einfach und hochgenau dosieren.

Verfahren Sie genau umgekehrt, indem Sie die Kurve oben nach unten und unten etwas nach oben „verbiegen", verringern

Sie den Bildkontrast: Das Bild wird weicher. Und wieder können Sie den Effekt sehr fein austarieren.

Mit diesen beiden Hilfsmitteln – Tonwertkurve und Gradationskurve – lässt sich das Bild auf dem Monitor optimal einstellen. Nun bleibt eigentlich nur noch eine eventuelle Farbkorrektur, die Sie mit *Strg+b* einleiten. Mit drei Schiebern können Sie im eingeblendeten Fenster die drei Grundfarben beliebig ausbalancieren, also vielleicht einen Farbstich mildern bzw. ganz ausgleichen oder der Aufnahme einen natürlicheren Farbcharakter geben. Auch die Wirkung dieser Korrektur sehen Sie sofort auf dem Monitor.

Über *Strg+u* bleibt noch die Möglichkeit, den Farbton und die Farbsättigung zu variieren. Abschließend können Sie das Bild über *Filter, Scharfzeichnungsfilter* und *Unscharf maskieren* nachschärfen, wobei sich das Maß der Schärfung – die keinesfalls übertrieben werden sollte – durch Einstellung dreier Werte dosieren lässt. Wieder führt die visuelle Beurteilung der einzelnen Einstellungen auf dem Monitor zur Ermittlung der optimalen Einstellung. Dieser letzte Schritt erfordert als einziger ein gewisses Fingerspitzengefühl und etwas Experimentieren. Fühlen Sie sich hiervon überfordert, führt der Weg über *Filter, Scharfzeichnungsfilter* und *Scharfzeichnen* zu einem Kompromiss.

Wenn Sie eine gewisse Anzahl Bilder auf diese Weise bearbeitet haben, werden Sie mit den Shortcuts über die Tastatur sehr schnell zum Ziel kommen. Zu berücksichtigen bleibt lediglich, dass diese Einstellung auf Ihren Computer-Monitor abgestimmt ist. Welches Maß an Korrekturen erforderlich ist, wenn Sie die Bilder selbst ausdrucken oder von einem Labor zu Papier bringen lassen, lässt sich mit einigen Versuchen relativ leicht ermitteln.

Selbst ist der Mann (oder die Frau)

Tintenstrahl-Fotodrucker für den Heimgebrauch sind inzwischen durchaus erschwinglich und dabei enorm leistungsfähig geworden. Auch auf diesem Gebiet agiert Canon in vorderster Front und darf so manche Pionierleistung für sich in Anspruch nehmen. So bringen neue hochauflösende Druckköpfe, zum Beispiel im S830D, nur noch vier Pikoliter große Tintentröpfchen zu Papier (ein Pikoliter entspricht einem Billionstel Liter!). Eine Auflösung von 2.400 x 1.200 dpi führt zu einem praktisch kornfreien Druckbild mit ausgewogenen Mitteltönen.

Gleichfalls Anteil an dieser Leistung hat die von Canon entwickelte Technik der Mikrotröpfchen, die Microfine Droplet TechnologyÔ, bei der bis zu 42 Tintentröpfchen übereinander mit 49 möglichen Farbabstufungen pro Pixel ausgegeben werden. Dabei werden die Tröpfchen nicht mehr wie zuvor durch eine relativ weit hinten im Druckkopf gebildete Blase ausgestoßen. Vielmehr befindet sich das Heizelement in den neuen Druckköpfen wesentlich näher an der Düse, was zu einer schnelleren Stabilisierung der Tinte im Düsenbereich führt und die Positionierung der Tinte auf dem Papier verbessert. So kann die Tropfenfrequenz und damit auch die Druckgeschwindigkeit erhöht werden.

Eine neue Canon Tintengeneration zeichnet sich durch hohe optische Dichte aus, was zu kräftigen, satten Drucken führt, die zudem weitgehend wischfest sind. Kostengünstig und dabei umweltschonend ist die sogenannte Single-Ink-Technik, bei der die einzelnen Farben in getrennten Tintentanks enthalten sind, so dass nur noch gezielt „nachgefüllt" zu werden braucht.

Schließlich hat Canon auch bei der Entwicklung von Spezialpapier für den Fotodruck beachtliche Erfolge vorzuweisen. Bei entsprechender Lagerung erreichen Fotodrucke mit Canon High Color Tinte auf Professional-Fotopapier PR-101 eine Haltbarkeit von bis zu 25 Jahren. Doch auch auf Normalpapier können sich Fotodrucke bereits sehen lassen.

Mögen die Kosten pro Ausdruck noch über denen für normale Vergrößerungen liegen, so bieten die neuen Verfahren und Geräte doch zumindest die Möglichkeit, dem frustierenden „Vergrößerungsroulette" zu entkommen, vor das uns anonyme Großlabors immer wieder stellen. Dabei werden die Kosten für den Eigendruck zweifellos weiter sinken und diese Alternative laufend attraktiver machen.

Sachwortverzeichnis